LE JOUR DU MIRACLE

OUVRAGES DE LARRY COLLINS

Fortitude, 1985, Robert Laffont
Dédale, 1989, Robert Laffont
Les Aigles noirs, 1993, Robert Laffont
Demain est à nous, 1998, Robert Laffont

Avec Dominique Lapierre

Paris brûle-t-il ?, 1964, Robert Laffont
... Ou tu porteras mon deuil, 1967, Robert Laffont
Ô Jérusalem, 1971, Robert Laffont
Cette nuit la liberté, 1975, Robert Laffont
Le Cinquième Cavalier, 1980, Robert Laffont
New York brûle-t-il ?, 2004, Robert Laffont

OUVRAGES DE MARCEL BIGEARD

La Piste sans fin, 1956, Éditions de la pensée moderne
Aucune bête au monde, 1957,
Éditions de la pensée moderne
Contre-guérilla, 1957, Éditions Louvois
Pour une parcelle de gloire, 1975, Plon
De la brousse à la jungle, 1994, Hachette-Carrère

LARRY COLLINS

LE JOUR DU MIRACLE

L'histoire secrète du débarquement

Adaptation de l'américain par
Marie-Thérèse Cuny

EUROPE 1

ROBERT LAFFONT

Couverture : Débarquement : Photo Robert Capa/MAGNUM

ISBN 2-221-10277-0

Préface

Ce livre ne prétend pas faire une étude d'ensemble de tous les événements et circonstances qui entourèrent, avant ou après le 6 juin 1944, le débarquement allié sur les côtes de la Normandie. Il faudrait des volumes entiers pour y parvenir.

Notre but est plutôt d'offrir dans ce livre quelques aperçus, parfois des clins d'œil, sur les événements historiques qui se déroulèrent il y a maintenant plus d'un demi-siècle.

Le jour J... The D Day, *comme disent les Anglo-Saxons, fut vraiment « le Jour du miracle ».*

La réussite ou l'échec du débarquement, et donc la libération de la France et l'écroulement de l'Allemagne nazie, étaient sur le fil du rasoir, durant ces heures et ces jours d'épreuves. Une défaite en Normandie n'était pas exclue, ni les conséquences terribles qui en auraient découlé.

Il nous a paru intéressant de rassembler dans ce texte les morceaux du puzzle secret dont la mise en place a finalement permis le débarquement.

D'examiner les événements, leurs chefs, leurs décisions et leurs erreurs, qui ont fait que l'opération militaire la plus importante de tous les temps s'est terminée en victoire historique, et non en défaite catastrophique.

Pour les lecteurs nés après le 6 juin 1944, et ils représentent les trois quarts de la population française, nous espérons que ce regard sur l'histoire les aidera à mieux comprendre ce Jour du miracle, mais aussi de deuil et de gloire.

Pour tous ceux qui l'ont vécu de près ou de loin, ce livre de souvenirs, en hommage à ce qui n'était pas en France « le bon vieux temps ».

Larry Collins
Marcel Bigeard

Remerciements

Dans notre travail sur *Le Jour du miracle*, nous devons des remerciements à beaucoup de personnes.

À Jean-Pierre Joulin, d'Europe 1, qui a eu l'idée de ce projet. À Bernard Fixot et à Laurent Laffont, des éditions Robert Laffont, pour leurs encouragements enthousiastes. À Marie-Thérèse Cuny, pour son travail d'adaptation du texte initial et des récits radiophoniques. À Nathalie LePelletier, pour la documentation et les recherches. Au commissaire général de division Jacques Rey et au général André Cousine, pour leur lecture attentive.

Ainsi qu'à Claude Quetel, François Passero et Jean Hebert, des Archives du formidable Mémorial de Caen, pour leur concours.

Merci au professeur Jean Quellin, de l'université de Caen, pour son aide dans l'estimation du nombre des victimes des bombardements alliés en Normandie, le 6 et le 8 juin 1944.

Cartes

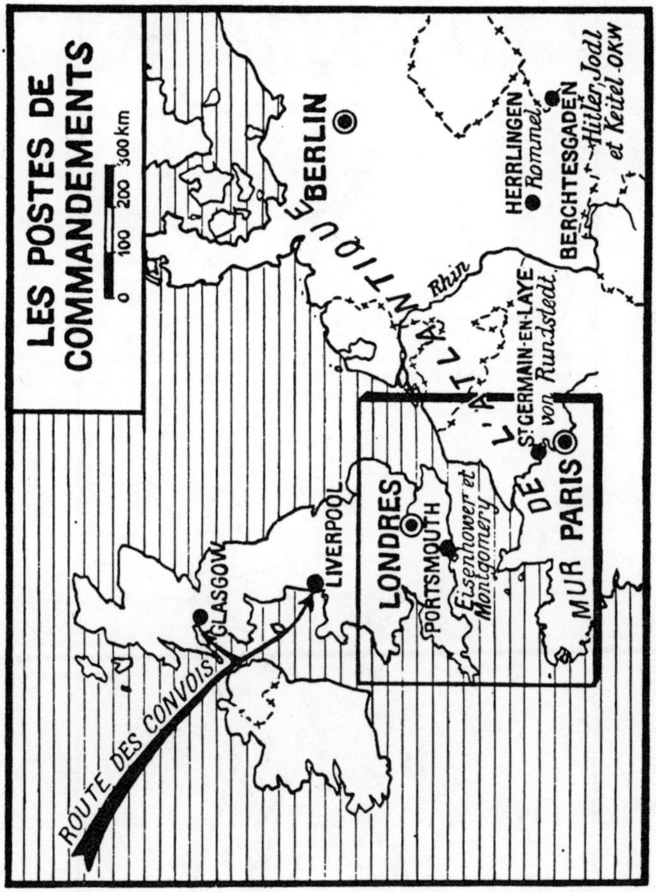

LES POSTES DE COMMANDEMENTS
0 100 200 300 km
BERLIN
HERRLINGEN
Rommel
BERCHTESGADEN
Hitler, Jodl et Keitel OKW
Rhin
MUR DE L'ATLANTIQUE
St GERMAIN-EN-LAYE
von Rundstedt
PARIS
LONDRES
PORTSMOUTH
Eisenhower et Montgomery
LIVERPOOL
GLASGOW
ROUTE DES CONVOIS

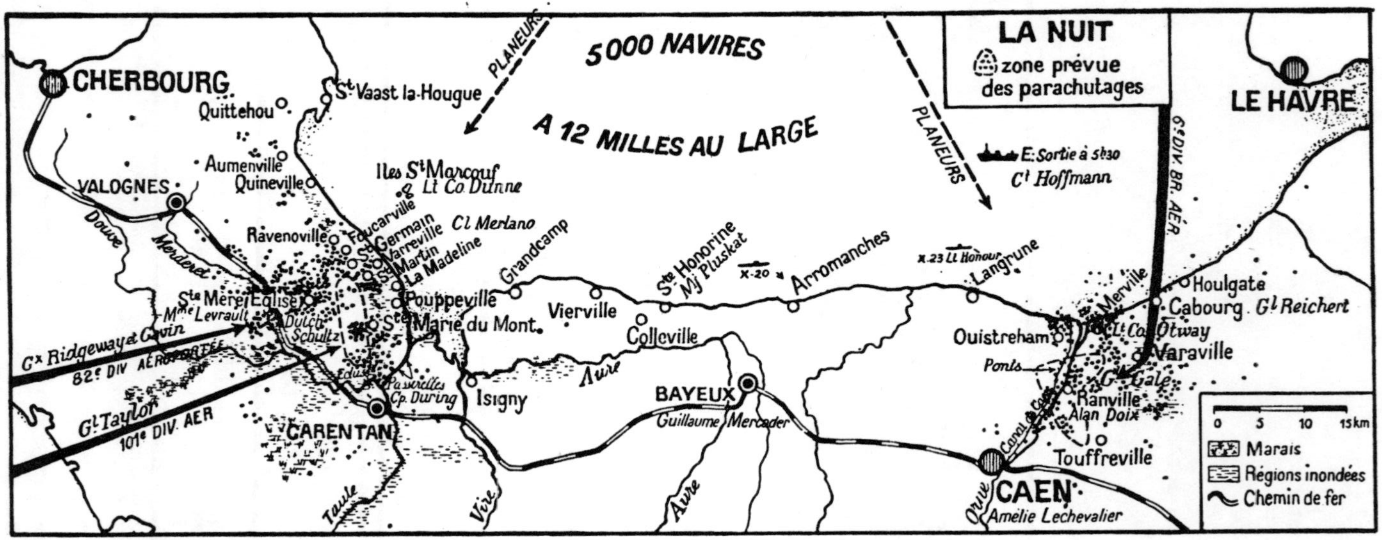
LA NUIT
zone prévue des parachutages
5000 NAVIRES
A 12 MILLES AU LARGE
PLANEURS
PLANEURS
E: Sortie à 5h30
Cl Hoffmann
6e DIV. BR. AÉR.
CHERBOURG
Quittehou
St Vaast la-Hougue
Aumenville
Quineville
VALOGNES
Iles St Marcouf
Lt Co Dunne
Douve
Merderet
Ravenoville
Foucarville
St Germain
Varreville
St Martin
La Madeline
Cl Merlano
Grandcamp
Ste Mère Eglise
Mme Levrault
Dutch Schultz
Pouppeville
Ste Marie du Mont
Vierville
Colleville
Ste Honorine
Mj Pluskat
X-20
Arromanches
X.23 Lt Honour
Langrune
Gx Ridgeway et Gavin
82e DIV AÉROPORTÉE
Gl Taylor
101e DIV. AER
Passerelles
Cp. During
CARENTAN
Isigny
Aure
BAYEUX
Guillaume Mercader
Taute
Vire
Aure
Ouistreham
Ponts
Canal de Caen
Merville
Lt Co Otway
Houlgate
Cabourg Gl Reichert
Varaville
Gl Gale
Ranville
Alan Doix
Touffreville
CAEN
Amélie Lechevalier
Orne
LE HAVRE
0 5 10 15 km
Marais
Régions inondées
Chemin de fer

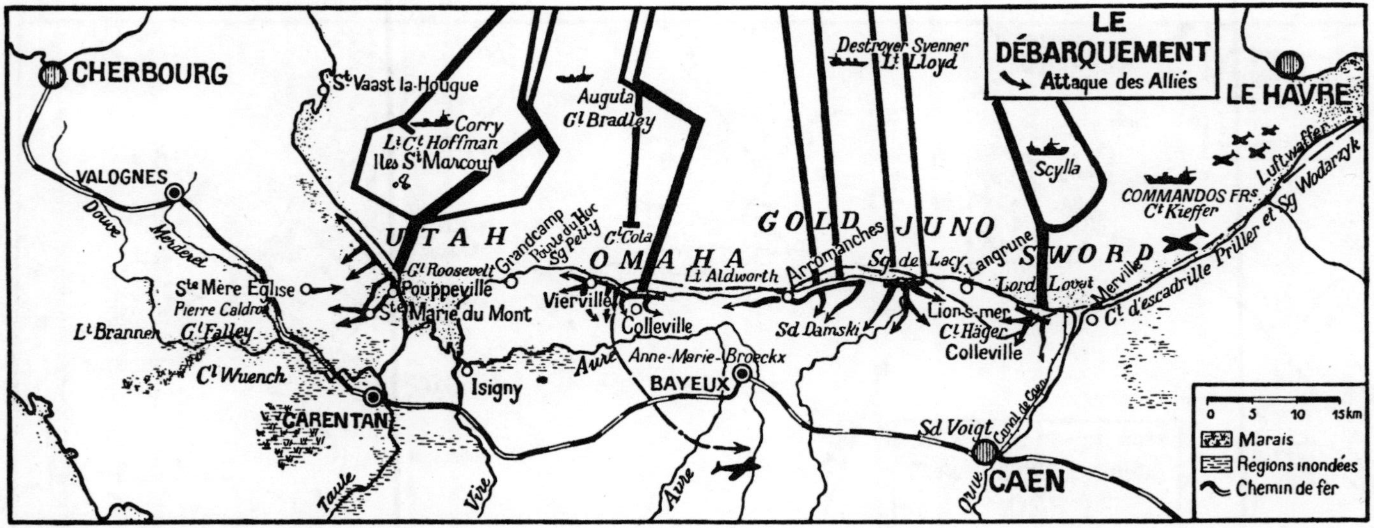
LE DÉBARQUEMENT
Attaque des Alliés
CHERBOURG
St Vaast la Hougue
Corry
Lt Ct Hoffman
Iles St Marcouf
Augula
Gl Bradley
Destroyer Svenner
Lt Lloyd
LE HAVRE
Scylla
COMMANDOS FRs
Ct Kieffer
Luftwaffe
Sg Wodarzyk
Ct d'escadrille Priller et
VALOGNES
Douve
Merderet
UTAH
OMAHA
GOLD
JUNO
SWORD
Gl Roosevelt
Grandcamp
Pointe du Hoc
Sg Petty
Ct Cola
Lt Aldworth
Arromanches
Sg de Lacy
Langrune
Lord Lovat
Merville
Ste Mère Eglise
Pouppeville
Ste Marie du Mont
Vierville
Colleville
Pierre Caldron
Lt Brannen
Gl Falley
Cl Wuench
Sd Damski
Lion-s-mer
Ct Häger
Colleville
Aure
Anne-Marie-Broeckx
BAYEUX
Isigny
CARENTAN
Taute
Vire
Aure
Sd Voigt
Canal de Caen
Orne
CAEN
0 5 10 15 km
Marais
Régions inondées
Chemin de fer

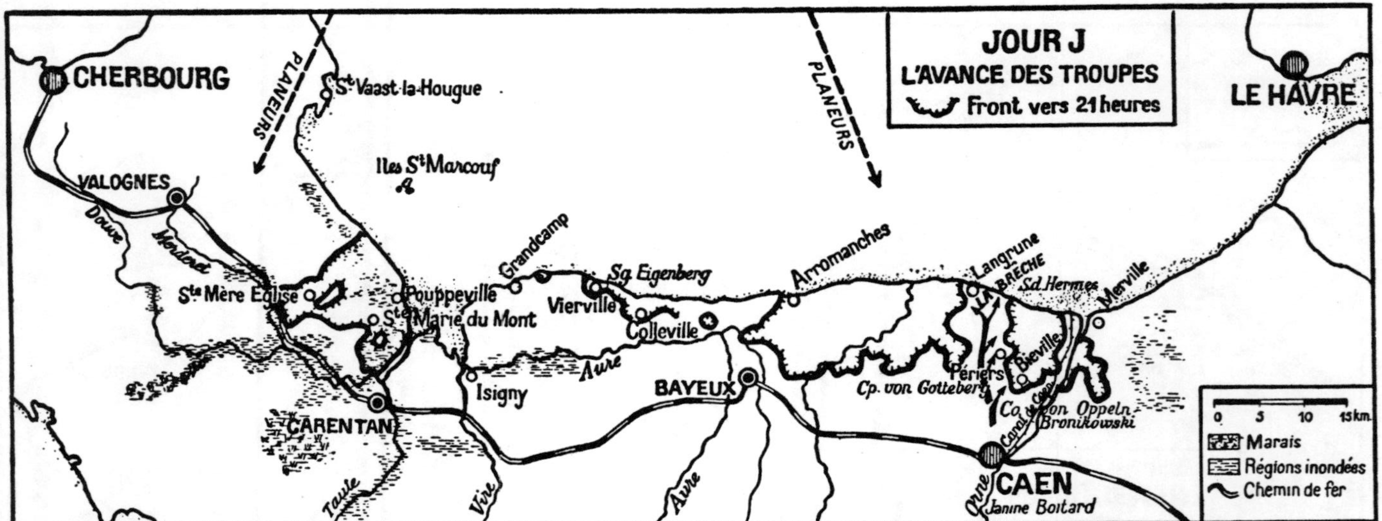
JOUR J
L'AVANCE DES TROUPES
Front vers 21 heures
CHERBOURG
LE HAVRE
PLANEURS
PLANEURS
St Vaast-la-Hougue
Iles St Marcouf
VALOGNES
Douve
Merderet
Ste Mère Eglise
Pouppeville
Ste Marie du Mont
Grandcamp
Sg. Eigenberg
Vierville
Colleville
Aure
Isigny
CARENTAN
Taute
Vire
BAYEUX
Aure
Arromanches
Langrune
LA BRÈCHE
Sd Hermes
Merville
Bieville
Périers
Cp. von Gotteberg
Canal de Caen
Bronikowski
CAEN
Orne
Janine Boitard
0 5 10 15 km.
Marais
Régions inondées
Chemin de fer

1

Coup de dé

Soixante ans... Un demi-siècle tumultueux nous sépare maintenant de cette tempête de mort de juin 1944, qui vit déferler les premières vagues d'assaut des Alliés sur les plages de Normandie.

Bientôt le doux soleil d'été va réchauffer le sable de ces plages où elles débarquèrent : Gold, Juno, Sword, Omaha, Utah.

Comme chaque année, les enfants vont construire des châteaux de sable avant la marée montante, celle-là même qui porta leurs grands-pères jusqu'au rivage, en libérateurs. Leurs éclats de rire innocents se feront écho dans un ciel qui ne connut ce jour-là que le grondement furieux des canons.

Les amoureux iront, enlacés, le long de ces plages de sable où, il y a soixante ans, des garçons venus d'Inverness ou de Bristol, de Chicago ou de Dallas sont tombés pour toujours.

Ils étaient jeunes, trop jeunes, le jour où ils moururent sur ce rivage étranger, laissant à jamais sur le sable de Normandie leurs espoirs, leurs rêves, leurs amours inachevées, tout ce qui était leur avenir.

Nous devons nous souvenir d'eux, et de la grande cause pour laquelle ils embarquèrent ce matin-là : la libération de la France et de l'Europe occupées.

Chacun de ces courts récits parlera d'un aspect différent du débarquement de Normandie ; de ces hommes et de ces femmes qui y participèrent ; des capitaines et des généraux comme des soldats anonymes, venus des cités ouvrières de l'Angleterre ou des fermes d'Amérique ; des soldats de l'ombre, les résistants ; des populations civiles qui ont tant souffert en Normandie ; et aussi de ces soldats allemands qui, acculés à défendre un régime funeste et détestable, ont cependant opposé une courageuse résistance à leurs ennemis, les Alliés.

Certains faits d'armes sont bien connus ; il en est d'autres que l'histoire a ignorés, oubliés, voire omis d'enregistrer. Mais chacun des thèmes représente un des rouages de cette entreprise gigantesque, et sans précédent militaire, que fut l'opération Overlord.

Depuis ce jour du 6 juin 1944, où les premiers rayons de l'aube avaient tant de mal à percer le brouillard qui ensevelissait la baie de Seine, une sorte de mythe s'est créé autour du débarquement de Normandie : la supériorité des armées alliées était si écrasante ce jour-là, dit-on, leur puissance de feu si énorme, que la victoire était certaine. On a prétendu aussi que les défenses allemandes auraient été condamnées bien avant que les parachutistes français du 4e Special Air Service (SAS) ne se jettent dans la nuit normande.

Rien n'est plus loin de la vérité. Le débarquement était une entreprise audacieuse, époustouflante, dont le succès paraissait si aléatoire que sir Alan Brooke, chef d'état-major britannique, envisageait Overlord comme l'opération la plus hasardeuse de la guerre.

Pourquoi ?

Le Reich d'Hitler était un animal gravement blessé, en cet été 1944, saigné à blanc par les pertes de la Wehrmacht dans les steppes d'Union soviétique. L'Allemagne nazie était pourtant loin d'être vaincue. Les usines du IIIe Reich avaient fait des prodiges. En dépit des vagues de bombardements du *Bomber Command* britannique et de la 8e US Air Force, elles avaient produit en 1943 dix fois plus de tanks qu'en 1940, trois fois plus d'avions et cinq fois plus de pièces d'artillerie. Et il ne s'agissait pas de matériel médiocre fabriqué en série ; toutes ces armes étaient de bonne qualité.

Les GI américains étaient convaincus que, leur nation étant la plus riche et la plus industrialisée du monde, leur armement était forcément le meilleur du monde ! Or il ne l'était pas. Nous devons à la simple vérité de le dire, l'armement allemand le surpassait de beaucoup.

Les Alliés n'avaient pas de pièces d'artillerie de

campagne comparables au fameux canon de 88 de la Wehrmacht. Le char standard américain, le Sherman, était rapide et mécaniquement fiable. Mais il était malheureusement affligé d'un canon faible et d'un blindage trop léger, en comparaison des Tigre et des Panther allemands qu'il allait devoir affronter en Normandie.

Un Tigre équipé d'un canon 88 pouvait pulvériser un Sherman à 3 600 mètres. Le Sherman, lui, était obligé de se rapprocher jusqu'à 300 mètres pour avoir une chance de mettre hors d'état un char allemand. Ses commandants l'avaient baptisé le « Ronson » car il s'enflammait aussi vite que le briquet du même nom.

Les Allemands avaient une arme d'épaule antichar, le Panzerfaust, tellement supérieure au bazooka que les soldats américains se débarrassaient très vite de leurs propres armes, et écumaient les champs de bataille à la recherche de Panzerfaust abandonnés.

L'énorme concentration de raids aériens alliés, destinée à anéantir les bases de l'industrie allemande, était également censée attaquer le moral de la population. Ce ne fut pas le cas. Pire, cela n'avait fait que renforcer la rage et l'amertume des Allemands qui resserrèrent les rangs autour de leur Führer. Pour les hésitants, ceux dont la conviction pouvait être ébranlée, il restait la terreur de la Gestapo, et la propagande de Goebbels...

Les Alliés disposaient de deux atouts importants pour le jour J.

En premier lieu, ils avaient le choix des points de débarquement sur la longue bande côtière européenne, défendue par les Allemands.

Ensuite, ils savaient qu'ils jouiraient d'une supériorité aérienne écrasante. Les Alliés avaient déjà remporté ce genre de bataille dans le ciel allemand en janvier, février et mars 1944. Durant ces trois mois, la Luftwaffe avait perdu cinq mille avions, abattus pour la plupart par le nouveau Mustang P 51, à long rayon d'action. Les appareils détruits, nous savons qu'Hitler pouvait les remplacer par d'autres, sortis de ses chaînes de production. En revanche, il n'avait pu remplacer les pilotes qui avaient péri avec eux.

La bataille de Normandie, comme toutes les batailles, devait être gagnée ou perdue, non dans les airs, mais sur terre, dans un affrontement de soldats, de blindés et d'artillerie. Là, les Allemands avaient de bien meilleures chances. Un million et demi d'hommes, groupés en cinq armées et soixante divisions, attendaient les Alliés de l'autre côté de la mer. Certaines de ces divisions, réparties le long des côtes, étaient moins solides : à leur tête se trouvaient des Polonais, des Russes, des Ukrainiens, moins acharnés à combattre et à mourir pour la patrie ou pour le Führer. Mais le commandement militaire à l'Ouest disposait aussi d'un potentiel de trois cent cinquante mille hommes de troupe SS, dont douze divisions blindées *(Panzer)* et quatre de *SS Panzer*. Les unités les plus fanatiques et les plus endurcies qu'une nation ait constituées au cours de la Seconde Guerre mondiale. Elles avaient déjà sauvagement affronté les divisions de Staline sur le front de l'Est. En Normandie, les Alliés allaient les rencontrer pour la première fois. Ce qui n'avait rien d'une partie de plaisir.

Les forces allemandes face aux Alliés étaient principalement regroupées en deux armées : la 15e, s'étendant le long des côtes de la Manche, de l'estuaire de la Seine jusqu'au Zuiderzee ; et la 7e, couvrant la Normandie et la Bretagne. La 15e représentait en gros le double de la 7e. C'était probablement la meilleure armée que possédait Hitler. Ses excellentes unités étaient bien reposées, bien équipées, et parfaitement entraînées. Leur moral, leur âpreté au combat allaient se révéler dans les semaines qui suivraient.

Ces deux armées formaient le groupe d'armées B, commandé par le maréchal Erwin Rommel, le célèbre « Renard du désert », celui qui avait infligé tant de défaites humiliantes à ses adversaires britanniques dans le désert de Libye. Une fois de plus, il allait se retrouver face à son vieux rival, le maréchal sir Bernard Montgomery.

Rommel était en poste depuis Noël. Infatigable. Chaque jour présent sur le front, inspectant l'artillerie, stimulant ses troupes, offrant des accordéons à ceux dont les installations défensives lui donnaient particulièrement satisfaction. Sous son commandement, près d'un million de mines avaient été enfouies dans le sable des plages. Pour empêcher l'atterrissage des planeurs, on avait hérissé des champs de pieux effilés. D'autres avaient été inondés. Un parachutiste allié aurait toutes les chances de s'y noyer avant d'avoir pu tirer un coup de feu.

Les « asperges » de Rommel, auxquelles étaient attachées des mines « Teller », envahirent les plages. Recouvertes à chaque marée montante, elles deviendraient autant de pièges invisibles.

Faire de toute cette côte un jardin de l'enfer, telle était l'idée de Rommel. Y vaincre les Alliés dans les quarante-huit heures qui suivraient leur débarquement, sa stratégie. Animé d'une énergie sans relâche et d'une détermination féroce, il était tout près de parvenir à ses fins.

Rommel était sous les ordres du commandant en chef des troupes de l'Ouest, le maréchal Gerd von Rundstedt, que l'on surnommait le « Dernier Chevalier teutonique ». Son quartier général était installé à Saint-Germain-en-Laye. Le maréchal était vieux à présent, las de la guerre; certains de ses officiers déblatéraient dans son dos. Il venait rarement à son bureau avant midi, heure qui n'avait rien de militaire. Il préférait déjeuner agréablement au Coq hardi plutôt que d'inspecter ses troupes.

Il méprisait Hitler et tous ces nazis fanfarons et prétentieux qui gravitaient autour de lui. Pourtant, l'idée de se retirer, de ne plus servir le IIIe Reich ne lui avait, semble-t-il, jamais effleuré l'esprit. Le vieux maréchal était de ceux qui vont jusqu'au bout, quelles qu'en soient les conséquences.

Cet homme, qui avait ajouté le mot « Blitzkrieg » au lexique de la guerre possédait encore une chose : son cerveau. Qu'il sache l'utiliser rapidement, exactement, qu'avec Rommel ils engagent leurs forces au bon moment, et de la bonne manière..., il porterait alors un coup terrible au débarquement.

Inutile de le rappeler aux généraux alliés : ils n'avaient qu'à comparer les chiffres pour évaluer leurs chances de succès. En Angleterre, ils disposaient de trente-sept divisions prêtes pour le jour J, dont quinze blindées, la moitié environ du nombre des divisions blindées allemandes qui les attendaient de l'autre côté. De plus, ces divisions devaient traverser la mer sur cent soixante kilomètres, puis prendre pied sur des plages férocement défendues avant de pouvoir passer à l'action. C'était l'implacable logique inhérente à ces chiffres qui faisait du débarquement une entreprise à si haut risque. Churchill en avait des cauchemars – la Manche charriant à flots rouges le sang des soldats anglo-américains massacrés. Et il avertit le général George Marshall, chef d'état-major général de l'armée américaine, que le débarquement serait « la chose la plus importante que nous ayons jamais tentée ».

Pendant que les troupes s'apprêtaient à embarquer, les officiers commandant la gigantesque opération se réunirent pour examiner une ultime fois leurs plans.

Quelqu'un demanda alors au général Walter Bedell Smith, chef d'état-major d'Eisenhower, quelle était sa dernière et meilleure estimation des chances de réussite du débarquement. Bedell Smith était un homme austère, apprécié pour sa rigueur intellectuelle. Il regarda les hommes qui l'entouraient, longuement, puis rendit son verdict : « Pas au-delà de cinquante pour cent. Une chance sur deux. Fifty-fifty. »

Comme le général Omar Bradley, commandant des forces terrestres américaines de débarquement, devait le déclarer : « Tout va se jouer sur un coup de dé. »

2

Naphtaline

Que veut dire un nom ?

Au cours des soixante dernières années, le nom de code qui cachait l'invasion, « Overlord », s'est inscrit dans nos cœurs et dans les pages de nos livres d'histoire. D'où vient ce mot étrange et absurde ? Pourquoi l'a-t-on choisi pour désigner la plus grande offensive occidentale de la Deuxième Guerre mondiale ? Et qui est responsable de ce choix ?

La manière dont « Overlord » est devenu le nom de code du débarquement est l'une des rares anecdotes amusantes de cette sombre et grave période qui parle trop souvent de sang et de mort...

L'histoire remonte au début de 1943, et au premier quartier général établi à Londres pour préparer les plans de l'invasion. Son commandant, un Anglais, est alors le général sir Frederick Morgan. Après plusieurs semaines de travail intensif, Morgan et son équipe ont enfin réussi à mettre au point l'ébauche d'un premier plan pour faire sauter les portes du continent européen.

Il est donc temps de le soumettre à sir Winston Churchill, le Premier ministre, et ensuite aux responsables des forces alliées.

Toutefois, avant de le présenter, Morgan doit d'abord lui donner son nom de baptême officiel. Pour pouvoir désigner l'opération par un code secret qui lui permette d'être identifiée, dorénavant, par tous les échelons de la hiérarchie du haut commandement allié, et sous lequel elle figurera dans les pages de l'histoire d'après-guerre.

Il fait venir l'un de ses collaborateurs, le major Roger Fleetwood Hesketh, et lui dit : « Mon vieux, il est temps de chercher un nom de code pour la grande opération. Allez donc faire un tour à l'ISSB et demandez-leur ce qu'ils ont comme mots de code opérationnel disponibles à nous proposer. »

L'ISSB, Inter Service Security Bureau, est l'organisme responsable de ce genre de choses. C'est à lui de donner et de répertorier tous les noms de code nécessaires aux opérations secrètes des Alliés, partout dans le monde.

Cela représente un travail bien plus complexe et plus important qu'il n'apparaît à première vue. Tous ces noms doivent être collationnés avec le plus grand soin pour éviter les risques de doublon. Tout doit être comparé, compilé, aucun nouveau nom de code ne doit ressembler, phonétiquement, à un autre déjà assigné à une opération secrète.

Il faut faire attention à ce que l'on ne puisse pas les associer l'un à l'autre. « Knife » et « Fork » par exemple, « couteau » et « fourchette », ne doivent pas être utilisés dans le même secteur géographique.

Fleetwood Hesketh suit donc les instructions. Il se rend chez le major commandant le ISSB, à son bureau du secrétariat à la Guerre :

– Voilà, le général Morgan m'a demandé de lui ramener un nom de code pour la grande opération.

L'officier examine attentivement le sérieux de la requête de Fleetwood et s'en va tranquillement consulter ses archives.

Il revient quelques minutes plus tard.

– Je suis affreusement désolé, dit-il, j'ai bien peur qu'il ne nous reste qu'un seul mot disponible en ce moment.

– Lequel ? demande Fleetwood.

– *Mothball*, répondit l'officier.

Mothball, c'est-à-dire littéralement, en clair et en français : « Boule de naphtaline ». Pour simplifier : « Naphtaline » tout court.

– Vous êtes sûr ? Absolument sûr ? « Opération Naphtaline » ? Ça me semble... triste... comme nom, pour une opération qui, après tout, représente la plus énorme offensive de la guerre... Vous ne pensez pas ?

Mais l'officier lui répète :

– Je suis affreusement désolé, mon vieux ! Avec tout ce qui se passe ces temps-ci, dans le Pacifique et en Méditerranée, tous les noms que nous avons sélectionnés et enregistrés dans le système ont été pris. « Naphtaline », c'est tout ce qu'il me reste !

Alors, un peu à contrecœur tout de même, Fleetwood Hesketh ramène au général Morgan ce nom de code bizarre.

– « Opération Naphtaline » ?...

Morgan sursaute :

– Mon Dieu... Je ne peux pas dire ça à Sir Winston ! Il ne va pas du tout apprécier ! Naphtaline... Mon Dieu...

– C'est vraiment tout ce qu'il reste à l'ISSB, je vous assure.

Le général Morgan se résigne :

– Bon, je suppose que je n'ai plus qu'à lui proposer ça, on verra bien ce qu'il dira !

Et le voilà parti, en direction du bureau du Premier ministre, avec son plan sous le bras et son nom de code dans la tête.

Il revient au bout d'une demi-heure. Fleetwood demande avec curiosité :

– Alors ? Que s'est-il passé ?

– Exactement ce que je craignais ! Churchill a sauté au plafond. Il a hurlé : « Vous n'allez tout de même pas me dire que cette bande de fichus dingues tient à ce que nos petits-enfants, qui ont quinze ans aujourd'hui, se souviennent de l'opération qui a libéré l'Europe sous le nom de Naphtaline ? Puisqu'ils sont incapables de me dénicher un meilleur nom de code pour notre débarquement, je vais le trouver moi-même, nom de Dieu ! »

Et Morgan ajoute :

– Churchill a pointé son cigare vers le plafond, il est resté un moment à le fixer d'un air grognon, puis il a baissé le menton et aboyé : « Overlord ! On va l'appeler Overlord ! »

« Souverain ». Un *overlord*, en Angleterre, est le suzerain de tous ses lords vassaux, le seigneur souverain.

Et c'est ainsi que l'ensemble de l'opération de débarquement qui a libéré la France et la partie de l'Europe occupées par les nazis fut appelée, avant de passer à la postérité, « Opération Souverain » et non « Opération Naphtaline », comme l'avaient suggéré, avec un à-propos discutable, les bureaucrates militaires.

Ce débarquement était une entreprise extrêmement risquée. Les Alliés savaient où se trouvait leur faille. Il n'y avait, en effet, aucune possibilité d'organiser une autre offensive sur le continent avant le printemps 1945. Ce qui aurait signifié pour la France et les pays conquis par Hitler une année supplémentaire d'occupation, de privations et surtout d'humiliation.

Dix millions de juifs, au lieu de six, auraient pu mourir dans les chambres à gaz de l'Holocauste, si l'invasion des Alliés avait échoué.

Toute la puissance de la Wehrmacht se serait de nouveau retournée contre les Russes. Ce peuple courageux, déjà saigné à blanc par trois années de guerre, aurait-il cédé ? Ou accepté une paix séparée ?

Finalement, on peut se demander si, dans ce triste cas de figure, les bombes atomiques lâchées sur Hiroshima et Nagasaki ne seraient pas tombées d'abord sur Berlin et Munich.

Pour les Alliés, l'enjeu de Normandie était si énorme que leur commandant général, Dwight Eisenhower, s'était juré : « Nous n'avons pas le droit d'échouer. »

Hitler, lui, avait décidé le contraire. Pour lui, remporter la contre-offensive du débarquement et se maintenir en France était une carte vitale s'il voulait conserver un quelconque espoir de gagner la guerre ou, du moins, de forcer les Alliés à négocier.

Il ricanait en parlant de ses généraux qui, selon lui, ne cherchaient à rester en France que pour vivre grassement dans des châteaux réquisitionnés, boire des vins fins et choisir leurs maîtresses dans les boîtes de nuit de Pigalle. Lui devait tenir la France pour faire la guerre.

Aussi destructeurs que soient les V1 et les V2, ces armes nouvelles qui allaient bientôt être produites en masse, de quelle utilité seraient-elles sans leurs rampes de lancement dans le Pas-de-Calais ? Comment les faire pleuvoir sur Londres et le reste de l'Angleterre si leurs bases étaient prises ? Sans Brest et Saint-Nazaire, comment lâcher ses sous-marins dans l'Atlantique ? A quoi lui servirait son avion de chasse à réaction, le ME 262, s'il perdait les postes de surveillance de ses stations radars en France ?

L'invasion à venir était une occasion pour le Führer. Pas une menace... une aubaine, qu'il était bien décidé à ne pas rater.

3

Le Pas-de-Calais

C'est une procession impressionnante de limousines

La Mercedes-Benz 230 de 2,3 litres du maréchal Erwin Rommel, le command car décapotable Horch de Gerd von Rundstedt défilent devant les sapins, hauts comme des tours de guet, longent la falaise vertigineuse d'où l'on a une vue spectaculaire sur la vallée, grimpent jusqu'à l'aire de stationnement de Wendeplatte

Nous sommes à 1 700 mètres d'altitude, dans le massif de l'Obersalzberg. De là, maréchaux et généraux pénètrent dans un long tunnel creusé dans le granit qui débouche devant un ascenseur ultrarapide. Il faut l'emprunter pour grimper jusqu'au nid d'aigle d'Hitler; tous les dix mètres, immobile, en uniforme noir, se tient un membre de la garde personnelle du Führer, la SS Leibstandarte

En ce 14 mars 1944, Hitler a convoqué tous ces hommes dans son repaire de haute montagne, à l'endroit même où il avait projeté un jour de conquérir le monde civilisé. Cette conférence stratégique a un but précis : décider comment préserver ce qu'il reste de l'empire conquis par les armes, comment inverser la chance, comment sauver le destin du Reich pour les mille ans à venir.

Sans aucun doute, Hitler croit encore que tout est possible. L'Allemagne dispose de dix millions d'hommes sous les drapeaux, répartis en plus de trois mille divisions. Les usines ont produit plus d'armement qu'en 1940 et commencent surtout à fabriquer des armes secrètes : les fameuses bombes volantes sans pilote, les V1 et V2, qui vont bientôt pilonner les villes d'Angleterre de leurs énormes charges explosives; le premier chasseur à réaction du monde, le ME 262, et le sous-marin, type 21, capable de croiser sous les lignes maritimes de l'Atlantique, à grande profondeur, sans être détecté par les sonars alliés.

L'aide de camp du Führer, le SS Richard Schulze Kossens, l'une des rares personnes à faire partie de son cercle d'intimes, sait qu'Hitler jouit d'avance de la bataille à venir : il ne doute pas de pouvoir la gagner et il est convaincu qu'elle sera le tournant décisif de la guerre.

Les maréchaux et les généraux qu'il a convoqués dans son nid d'aigle sont peut-être à la tête de dix millions d'hommes, mais ici, dans son quartier général, ils doivent attendre le bon plaisir du Führer.

Chaque arrivant, en pénétrant dans l'antichambre, peut admirer à loisir sa précieuse collection de porcelaines d'art rococo de Nymphenborg et de Frankenthal.

Ce n'est que lorsqu'ils sont tous réunis que le général Rudolph Schmundt, aide de camp d'Hitler, se décide à les introduire auprès de leur chef.

Hitler porte une tunique grise, simplement ornée de la croix de fer de seconde classe qu'il a gagnée à Ypres. Une manière subtile de rappeler à ces gradés distingués et corsetés, tenant à la main le bâton argenté de maréchal, qu'ils reçoivent leurs ordres d'un simple caporal.

C'est un chef diminué physiquement et moralement qui fait face à ses généraux. Il souffre de crampes violentes, de graves problèmes gastriques, et aussi, mais il l'ignore, d'une sclérose coronarienne avancée. Son médecin personnel, le docteur Morell, lui a prescrit au moins vingt-trois médicaments différents.

Il salue chacun des officiers, individuellement, réservant un large sourire à ceux qu'il préfère. Rommel est encore de ceux-là. Puis il les invite à passer dans le salon du nid d'aigle pour le déjeuner.

Les repas du Führer sont toujours frugaux et sinistres. Il est, bien entendu, végétarien. La seule chose qu'il se permette de boire est une eau minérale gazeuse, appelée « Fachingen » et censée soulager ses reins. L'invité a droit au plat allemand traditionnel, en faveur dans ses cuisines : côte de porc et chou rouge. On ne sert du vin qu'à celui qui en réclame. Quant au dessert, il se limite aux fruits.

Le Führer est toujours ravi lorsque son aide de camp SS, tout de blanc vêtu, dépose une jolie pomme bien rouge et luisante devant le fin gourmet de la Wehrmacht, le maréchal von Rundstedt.

Le café est le clou du repas. Un café d'Arabie apporté une fois par an d'Istanbul, aux risques et périls d'un sous-marin qui doit traverser pour cela le détroit de Gibraltar. Maréchaux ou pas, les invités ont droit à une seule tasse. Pas une de plus.

Lorsque tout le monde est servi, Hitler aborde l'ordre du jour. Il retrouve un peu de son ancienne vitalité pour redevenir l'orateur brillant qu'il a été.

Il commence par manifester avec ardeur son mépris de la combativité des troupes anglo-américaines. Il a déjà peu de respect pour le soldat britannique; aucun pour les Américains. Selon lui, les Alliés n'ont gagné en Méditerranée que grâce au soutien des traîtres. Mais, cette fois-ci, il n'y aura pas de traîtres. Les Alliés se retrouveront devant des troupes allemandes endurcies, bien retranchées derrière leurs fortifications imprenables.

Il l'appelle même de ses vœux, cette invasion. C'est la grande occasion que toute l'Allemagne attend!

Puis il se tourne vers ses maréchaux pour connaître leur opinion sur la stratégie qu'adopteront les Alliés.

Pour une fois, ils sont unanimes. Les Alliés vont débarquer dans le Pas-de-Calais ; ils traverseront la Manche en partant de Douvres et ils emprunteront la route maritime qui relie l'Angleterre au continent depuis des siècles. Simple question de logique militaire. À ce point de la côte, les péniches de débarquement venant de Douvres n'auront à franchir que trente-deux kilomètres de mer. Cette option leur donne la possibilité de faire cinq traversées de Douvres à Calais contre une seule du sud-ouest de l'Angleterre vers la Normandie ou la Bretagne.

Surtout, les stratèges d'Eisenhower ont trois raisons majeures de choisir le Pas-de-Calais. D'abord, il leur faut impérativement s'emparer d'un grand port maritime. Sans installations portuaires, comment pourraient-ils espérer mener à bien le débarquement des troupes, des véhicules, des tonnes de matériel et de munitions nécessaires à un siège ? Or, à l'exception de Cherbourg et de Brest, tous les grands ports sont concentrés dans le Pas-de-Calais. Ensuite, la clé du succès pour les Alliés réside dans la maîtrise de l'espace aérien. Dans ce domaine, leur domination est écrasante. Pour déterminer leur lieu de débarquement, ils seront inévitablement amenés à choisir l'emplacement qui leur permettra d'optimiser au maximum leur avantage. C'est un point fondamental pour eux. Il n'y a aucun doute, ils opteront pour le Pas-de-Calais. Le rayon d'action réel d'un Spitfire de la RAF est de deux cent quarante kilomètres. En partant d'une base du sud-ouest de l'Angleterre, il aurait juste le temps de faire un passage au-dessus d'une plage normande et de rebrousser chemin. Dans le Pas-de-Calais, en revanche, il pourra partir à la recherche des objectifs allemands sans être aussi sévèrement minuté. Les P 51, eux, qui disposent de réservoirs supplémentaires, ont un rayon d'action permettant effectivement la surveillance d'une plage de débarquement en Normandie ou en Bretagne. Mais au-dessus de Calais, ils pourraient tenir l'air durant des heures pour appuyer le débarquement.

Finalement, tous les maréchaux insistent en chœur. Si les Alliés réussissent à forcer les lignes de défense allemandes dans le Pas-de-Calais, ils se retrouveront devant une vaste plaine, idéale au déclenchement d'une bataille de blindés. Une plaine qui s'enfonce comme un poignard jusqu'au cœur de la Ruhr, en plein centre industriel allemand.

Donc, si les Alliés mènent à bien leur débarquement dans le Pas-de-Calais, von Rundstedt se permet de prophétiser sur un ton d'oracle – c'est le seul à oser le faire en présence d'Hitler : « La guerre sera terminée à Noël. »

N'y a-t-il pas aussi dans l'esprit des maréchaux allemands, bien au-delà des considérations stratégiques classiques, le désir inconscient de voir les Alliés débarquer dans le Pas-de-Calais ? Probablement. Là, les fortifications du Mur de l'Atlantique représentent un formidable obstacle. C'est là que les stratèges allemands se sentent certains de vaincre.

Hitler a longtemps partagé l'opinion de ses généraux. C'est d'ailleurs pour cela qu'il a ordonné dès 1941 le début des travaux du Mur de l'Atlantique. En novembre 1943, il a aussi prédit, dans sa « directive 51 », que l'ennemi « doit attaquer et attaquera dans le Pas-de-Calais » – afin de neutraliser les sites de lancement des V1 qui allaient bientôt servir à bombarder l'Angleterre. Mais voilà que, brusquement, il n'en est plus aussi sûr.

Son aide de camp SS a souvent dit que le maître de l'Allemagne aimait se mettre dans la tête de son ennemi pour essayer de raisonner comme lui. Les Alliés, il le sait, ont une préférence pour l'approche indirecte dans leurs opérations amphibies. Ne l'ont-ils pas déjà utilisée en Afrique du Nord ? En Sicile, à Salerne et à Anzio ? Pourquoi changeraient-ils de tactique au moment de l'opération la plus cruciale de la guerre ?

Il décrète alors que ses généraux se trompent, se laissent abuser par leur logique militaire trop rigide. Les Alliés ne débarqueront pas dans le Pas-de-Calais. Il annonce, avec une vision étonnamment claire des intentions des Alliés : « Les zones les plus menacées sont les deux péninsules, la Bretagne et le Cotentin. C'est là qu'ils vont tenter de débarquer, parce qu'ils y ont les meilleures possibilités d'installer des têtes de pont et, à partir de là, d'avancer à travers la France. »

Des deux péninsules, le Cotentin représente

clairement le choix le plus tentant. Il y a le grand port de Cherbourg, et les plages et l'arrière-pays conviennent beaucoup mieux aux opérations militaires que la rude configuration géographique de la Bretagne. Une fois solidement établis, les Alliés auront une distance plus courte à franchir pour se lancer à l'assaut de la Ruhr.

Hitler réitère son ordre : il faut faire des grands ports de la côte française des forteresses imprenables, à défendre jusqu'au dernier homme, à détruire en cas de nécessité.

Quel que soit le lieu de débarquement des Alliés, sa conclusion est la suivante : « La destruction des troupes de débarquement sera le seul facteur décisif dans la conduite de la guerre et, par voie de conséquence, le résultat final de la guerre. »

Il déclare encore à ses généraux : « De votre succès ou de votre défaite dépend l'issue de la guerre, et le destin du Reich. »

4

La décision

La décision finale, irrévocable, d'envahir l'Europe est prise le 15 août 1943, par le haut commandement allié, à l'hôtel Château Frontenac, au Québec.

L'opération générale prend le nom de code « Overlord ». Les débarquements proprement dits celui de « Neptune ». Le 1er mai 1944 est fixé comme date limite.

Le comité interallié des chefs d'état-major a décidé de débarquer non dans le Pas-de-Calais comme le croit le haut commandement allemand, mais sur les côtes normandes, d'où Guillaume le Conquérant, déjà, s'était lancé en 1066 à l'assaut des îles Britanniques.

Pourquoi la Normandie ? Pourquoi les Alliés ne se conforment-ils pas à la stratégie militaire conventionnelle et ne débarquent-ils pas dans le Pas-de-Calais ?

Une partie de la réponse à cette question vient d'une différence de raisonnement fondamentale, et âprement débattue, entre les généraux des états-majors américain et britannique. La doctrine britannique se fonde sur un principe énoncé, répété, martelé par Winston Churchill : vaincre l'ennemi par le biais, en le harcelant, en l'affaiblissant sur ses flancs. Pas en l'affrontant de face, sur le terrain où il est le plus fort. En somme, le vaincre par la ruse, ne pas prendre le risque de perdre inconsidérément hommes et matériels.

C'est une armée de fantômes qui est à l'origine de cette conception – fantômes d'une génération d'Anglais décimée dans les carnages sanglants de la Somme, en 1916.

Aucune réminiscence de ce genre ne trouble le sommeil des généraux américains. Les seuls esprits susceptibles de le perturber sont déjà vieux d'un siècle, morts sur les champs de bataille de la guerre civile à Shiloh, Tennessee, et Antietam, sur le Potomac.

Les Américains veulent à tout prix attaquer de front, assaillir en masse le nord-ouest de la France, puis se ruer vers le bassin de la Ruhr et le cœur industriel de l'Allemagne.

Mais les chefs d'état-major américains doivent ravaler leur désir d'imposer leur point de vue aux Britanniques lorsque, le 15 août 1942, le raid anglo-canadien sur Dieppe tourne au désastre.

Ce jour-là, dix mille hommes ont abordé la côte à l'aube. À 9 h 30, la moitié était perdue, l'autre contrainte à un repli humiliant. À 5 heures du soir, les magasins de la ville, sur le front de mer, rouvraient leurs devantures. Tout était réglé.

Ce désastre est devenu un facteur déterminant dans la décision des Alliés de débarquer en Normandie. Car leur victoire de Dieppe a convaincu les Allemands de deux choses : d'abord, qu'ils sont parfaitement capables de repousser une invasion venue de la mer. Ensuite, que le premier objectif des Alliés, lors d'un prochain débarquement, sera de s'emparer d'un port stratégique.

Pour eux, la clé de la défense de l'Europe repose donc sur la construction de fortifications imprenables le long des plages, et la concentration des forces armées autour des principaux ports de la Manche : Boulogne, Le Havre, Calais, Anvers.

Les Allemands se trompent du tout au tout. La rude leçon de Dieppe a conduit les Alliés à penser exactement le contraire de ce que les Allemands croient qu'ils pensent. Dieppe est la preuve pour les Alliés qu'il est impossible de s'emparer d'un port stratégique sans subir d'épouvantables pertes et sans offrir aux Allemands tout le temps de détruire les installations portuaires.

Mais, si le désastre de Dieppe a anéanti leur espoir de pouvoir débarquer le matériel nécessaire à l'invasion dans les docks d'un port, comment vont-ils s'y prendre pour le déposer sur la côte ? Après tout, les règles de la guerre conventionnelle veulent que le succès d'un assaut maritime dépende de cette équation fondamentale : les attaquants sont-ils en mesure de consolider leur tête de pont depuis la mer plus vite que les défenseurs ne sont eux-mêmes capables de dépêcher des renforts par voie de terre ?

Une fois éliminée l'hypothèse du port, reste à trouver la solution permettant de débarquer les troupes et les matériels directement sur les plages. Et il ne s'agit pas d'assurer les opérations sur quelques jours. Mais sur des semaines, et peut-être des mois.

Le lord amiral Louis Mountbatten, responsable du raid sur Dieppe, l'affirme : « Il faut que les Alliés trouvent le moyen d'amener un port dans leurs bagages. »

Mountbatten a découvert cette idée à la suite du carnage de Dieppe. Il pense à un dock artificiel monumental, appelé « Mulberry ».

Lorsqu'il expose son idée devant le staff de Churchill, tout le monde croit qu'il a perdu l'esprit.

Pourtant, ces énormes caissons flottants vont devenir la cheville ouvrière de la stratégie de débarquement. On en construit deux, un pour les plages sur lesquelles les Américains prendront pied, l'autre destiné au secteur anglais Chacun de ces mastodontes est fait de deux millions de tonnes de ciment et d'acier, représente le travail de dix mille hommes pendant huit mois, coûte environ cent millions de dollars de l'époque, et peut décharger douze mille tonnes de matériel par jour – la capacité exacte d'un port de la Manche comme Douvres.

Ces docks artificiels sont si énormes qu'il n'y a pas assez de remorqueurs anglais pour les convoyer d'Écosse, où on les a construits, en Normandie. On est obligé de faire venir des remorqueurs de la côte est des États-Unis. Ils seront convoyés jusqu'à Arromanches, après la consolidation de la première tête de pont sur la plage, amarrés le long du rivage qui leur est destiné, et se balanceront sur la mer au gré des marées. Au large, pour les protéger des vagues de haute mer, de vieux navires marchands seront envoyés par le fond, en guise de digue artificielle.

Avec les « Mulberries », les Alliés ne sont plus contraints de débarquer près d'un port stratégique, d'aborder à des endroits où les défenses allemandes sont les plus fortes. Et le choix des sites de débarquement qui s'offre à eux est aussi bien plus large.

Certes, il reste de bonnes raisons de débarquer dans le Pas-de-Calais : la proximité de la Ruhr, l'objectif stratégique des Alliés, et la possibilité d'un meilleur soutien aérien au-dessus de la tête de pont.

Pourtant, un examen minutieux des plages de la région révèle que seules quatre d'entre elles sont assez vastes pour accueillir une division d'infanterie. Mais elles débouchent sur un arrière-pays facilement inondable, donc impraticable pour les blindés alliés. Enfin, elles sont trop exposées aux vents dominants de la Manche et à des tempêtes et des grains justement réputés.

Au bout du compte, tous ces éléments éliminent les sites du Pas-de-Calais. Les stratèges alliés se tournent donc vers la Normandie. Les défenses allemandes sont moins massives de ce côté ; à l'ouest de Caen, les plages forment de vastes étendues et les andains de terre peuvent supporter l'assaut de plusieurs divisions. En fait, on se trouve face à soixante-dix kilomètres de côte presque déserte et de mouillages abrités des vents d'ouest par la presqu'île du Cotentin.

L'intérieur, pays de haies et de bocages, est fait pour le soldat d'infanterie, pas pour le chef de char. Cette configuration ne peut que ralentir les renforts et stopper l'avance des divisions blindées alliées. Mais le terrain va gêner tout autant les tentatives des Allemands pour contre-attaquer massivement avec leurs *Panzer*.

Le rapport final sur le choix du site de débarquement remarque : « La Normandie a l'inconvénient de nécessiter un effort considérable pour fournir une aide aérienne adéquate à nos troupes au sol et il faudra du temps avant de pouvoir s'emparer d'un grand port. »

Mais les arguments favorables sont si déterminants qu'ils ne laissent guère le choix : les Alliés sont obligés de débarquer en Normandie.

L'homme qui va prendre en charge cette entreprise gigantesque a cinquante-quatre ans. C'est un fils de fermier du Kansas. Il s'appelle Dwight Eisenhower.

Il arrive à Londres pour prendre son commandement juste après le nouvel an de 1944. Il installe son quartier général personnel à Hayes Lodge, à quelques minutes de son bureau de Grosvenor Square.

À part son large sourire contagieux, tout, chez Eisenhower, est modeste et discret. Les autres généraux peuvent bien porter des bérets noirs, des casques luisants ou des étuis à revolver cloutés sur la hanche pour se singulariser, « Ike », lui, s'en tient à un simple uniforme, orné, sur les pattes d'épaules, des quatre étoiles de son grade et d'une seule barrette de décorations.

Son calme apparent dissimule pourtant un homme anxieux qui fume allègrement ses trois paquets de cigarettes par jour.

Sa mission se définit en un paragraphe concis : « Pénétrer sur le continent européen en coordination avec les autres nations alliées, assurer la direction des opérations jusqu'au cœur de l'Allemagne et la destruction de ses forces armées. »

Presque en même temps que Ike arrive l'homme qui doit commander les forces terrestres alliées, le général sir Bernard Montgomery, le vainqueur d'El-Alamein, qui installe son quartier général à l'école Saint-Paul de Londres, dans les salles d'étude où il a jadis conjugué les verbes latins et réfléchi aux mystères du triangle isocèle.

Avec la bénédiction d'Eisenhower, il commence par déchirer le plan de débarquement que le général sir Frederick Morgan a préparé pour eux. « Monty » déclare que le front normand sur lequel Morgan a prévu de débarquer est trop étroit, les vagues d'assaut manqueraient de profondeur et seraient prises sous le feu de l'ennemi. Il faut chercher d'autres plages et ajouter au moins une division supplémentaire aux troupes de débarquement.

Les planificateurs anglo-américains du général Morgan lui rétorquent que c'est tout simplement impossible. Les Alliés n'ont ni les moyens ni les péniches de débarquement pour accéder à sa requête. Monty grogne : « Trouvez-les, ou trouvez-vous un autre commandant. »

Ils trouvent. Le site de débarquement est étendu jusqu'au nord de ce qui deviendra « Utah Beach ». La première vague d'assaut sera composée de six, et non plus de quatre, divisions d'infanterie . ıes troupes initialement prévues vont recevoir le précieux appoint de deux divisions US de vétérans, la 4ᵉ et la 1ʳᵉ.

Le plan d'invasion, tel qu'il a été finalement combiné par les quartiers généraux d'Eisenhower et de Montgomery, fait appel à quatre corps alliés qui ont mission de s'infiltrer en France par cinq plages, Utah et Omaha pour les Américains, Gold, Juno et Sword pour les Britanniques et les Canadiens.

Par ailleurs, trois divisions aéroportées interviendront la veille du jour J : la 82ᵉ et la 101ᵉ US, larguées sur le Cotentin et Sainte-Mère-Église, pour protéger le flanc d'attaque ouest de l'opération le long de la rivière Merderet ; et la 6ᵉ division parachutiste britannique, larguée de part et d'autre de l'Orne, entre Caen et la mer, pour protéger le flanc est.

Le jour J a d'abord été fixé au 5 mai. Mais, après la décision de renforcer les troupes de débarquement et d'élargir les sites, il faut reporter à un mois au minimum. Pour Eisenhower et son staff, déterminer une nouvelle date est une opération aussi compliquée à régler que le mécanisme d'une montre suisse.

La première contrainte concerne les troupes aéroportées. Il leur faut un clair de lune, entre minuit et 2 heures, pour avoir une chance de localiser les repères au sol qui vont les guider sur les zones de parachutage. Pour les troupes d'assaut, l'idéal serait de profiter de la marée haute pour débarquer. Elles auraient ainsi moins de terrain à couvrir sur la plage et, en conséquence, seraient moins exposées au feu de l'ennemi, pendant la première phase de l'attaque.

Pourtant, il faut abandonner la marée haute. Car la mer recouvre alors les fleurs meurtrières du jardin diabolique de Rommel – ces mines attachées au sommet de pieux de bois. Il est impossible pour le génie de les repérer et de les détruire.

D'un autre côté, les troupes ne peuvent pas débarquer à marée basse. Sur certaines plages, elles seraient obligées de lutter contre le reflux de la barre, sous un feu meurtrier, avant de pouvoir atteindre le pied des falaises et s'y abriter.

Finalement, après avoir discuté de ce problème pendant des jours, les officiers planificateurs décident que l'heure H précédera de trois heures exactement la marée haute. Mais de jour, ou dans la noirceur de la nuit ?

Pour les commandants des troupes navales et aériennes, il faut que ce soit de jour. Il leur faut au moins une heure de clarté pour donner aux bombardements et au feu de l'artillerie de marine l'impact prévu.

S'il veut respecter toutes ces conditions – aussi importantes les unes que les autres –, Eisenhower n'a que trois jours possibles dans le mois de juin, trois jours qui réunissent tous les paramètres nécessaires. Le 5, le 6, ou le 7. Il choisit le lundi 5 juin, comme devant être le jour J. L'heure H est fixée à 6 h 25 pour Utah Beach, où la marée commence trente minutes plus tôt, et à 6 h 45 pour les autres plages.

L'opération de débarquement qu'il vient de lancer va être sans conteste l'entreprise militaire la plus compliquée, la plus difficile, et la plus dangereuse de toute la guerre en Europe. Près de deux cent mille hommes vont partir à l'attaque le jour J ; cinq mille navires, la plus grande armada qu'on ait jamait vue sillonner la surface des mers s'apprête à les conduire jusqu'en Normandie et à couvrir leur assaut du feu de leurs canons. Même Joseph Staline, qui désespérait depuis si longtemps de voir s'ouvrir un deuxième front à l'ouest de l'Europe, prend la peine de télégraphier à Eisenhower : « Mes collègues et moi-même devons admettre que rien dans toute l'histoire militaire ne peut se comparer à votre entreprise, par l'ampleur et la conception. »

Immense et sans précédent, l'opération l'était en effet. Et pourtant, le succès de cette gigantesque armada, prête à franchir la mer, ne dépendait pas seulement des armes et des bombes, mais aussi de la ruse d'un groupe d'hommes et de femmes peu connus, œuvrant dans un bureau souterrain du quartier général de Churchill à Londres. En secret.

5

Ruse de guerre

Le mercredi 10 mai 1944, à 14 h 30, un petit groupe d'officiers anglo-américains se réunit dans la pièce 100 A de l'immeuble qui abrite le comité interallié des chefs d'état-major, à Grosvenor Square, dans le quartier de Mayfair, à Londres.

Ces officiers sont membres des services secrets alliés et ils sont venus, cet après-midi-là, écouter le chef des services de renseignements de l'état-major du général Eisenhower leur exposer comment, à son avis, Hitler et ses généraux vont réagir à l'invasion.

Ils connaissent tous les messages ultrasecrets des communications radio allemandes interceptées et décryptées. Inutile donc de leur expliquer l'importance, pour Hitler, d'écraser ce deuxième front. La bataille de Normandie représente vraiment le tournant crucial de la Deuxième Guerre mondiale, sur le front ouest. Elle représente peut-être aussi la dernière chance de la Wehrmacht d'inverser en sa faveur le cours de la guerre et de sauver Hitler et le Reich du désastre qui pointe à l'horizon.

En ce 10 mai, le briefing est dirigé par un Anglais, le major général G.F.M. Whiteley.

Dans les années 50, les notions de « jour le plus long », ou de contre-attaque immédiate des Allemands pour rejeter aussitôt les troupes alliées à la mer, se sont ancrées dans l'imagination populaire. En fait, ces notions sont dénuées de tout sens stratégique. Les Alliés allaient prendre pied sur la côte. Le haut commandement allié le savait et le haut commandement allemand aussi.

La vraie question était de savoir si, une fois à terre, les Alliés pourraient s'accrocher et résister à la puissance des *Panzer*, les divisions blindées stationnées en France qu'Hitler pouvait lancer contre eux.

C'est pour répondre à cette question que le groupe d'officiers de renseignements se réunit. Whiteley commence par diviser la période qui suivra le débarquement en quatre phases. Il estime que la plus critique, autant pour Hitler que pour les Alliés, commencera à J + 2, dans la soirée. Approximativement soixante heures après que la première vague d'assaut aura pris pied en Normandie. Les troupes de cette première vague seront alors sur la côte, affaiblies par les pertes subies pendant le débarquement, coincées sur une tête de pont relativement étroite et, pour la plupart, prises sous le feu de l'artillerie allemande. Les navires seront alors en train de rebrousser chemin pour réembarquer des hommes et du matériel. C'est à ce moment-là que la tête de pont des Alliés sera la plus vulnérable.

Whiteley explique à son auditoire que ce sera également le moment « où Hitler devra se décider à prendre tous les risques pour nous refouler de Normandie. Avant, il n'aura pas la certitude que la Normandie est le seul terrain d'action et qu'un second débarquement n'est pas en train de se dérouler quelque part ailleurs ».

Whiteley insiste sur ce point : « Ce sera le tout pour le tout, et il sera bien obligé d'abandonner les secteurs les moins vitaux de l'ouest. Il devra, cette nuit-là, donner l'ordre de dégarnir les autres fronts pour expédier toutes les réserves disponibles vers la Normandie. S'il le fait autour de J + 4 ou 5, ces unités pourront arriver à temps sur le champ de bataille, se regrouper, être prêtes à lancer une contre-attaque massive. J'estime qu'il pourrait y avoir sept divisions blindées, sept divisions d'infanterie, y compris deux divisions de parachutistes, et une demi-douzaine de bataillons de chars autonomes. »

Ce sera l'« heure critique » de la bataille. À J + 5, les navires alliés ne seront pas encore de retour d'Angleterre avec les hommes et les armes de la deuxième vague de renfort. « Nos têtes de pont se retrouveront devant l'horrible perspective d'une contre-attaque sanglante, menée par les redoutables *Panzer*. »

Le maréchal sir Alan Brooke, chef de l'état-major impérial, en lisant les notes du briefing de Whiteley, remarque avec morosité : « Aucun débarquement, aussi habilement organisé et exécuté qu'il soit, ne pourra résister à une contre-attaque massive des forces disponibles d'Hitler. Il a suffisamment de blindés et de troupes pour nous rejeter à la mer. Il n'y a aucun doute là-dessus. »

L'officier de renseignements du général Omar Bradley, qui a assisté à la conférence de Whiteley, dit encore plus brutalement à l'aide de camp du général, le major Chet Hansen : « Si les blindés nous arrivent dessus, entre J + 3 et J + 7, notre débarquement n'a pas la moindre foutue chance de réussir. »

Mais ils n'arrivèrent jamais.

Et qu'ils ne l'aient pas fait fut largement le travail d'un minuscule groupe d'hommes, pour la plupart des Anglais, dont aucun ne tira le moindre coup de fusil ou de revolver pendant toute la bataille de Normandie.

Ce groupe – qui ne comprenait pas un seul Français – était si secret que moins de trois cents personnes connaissaient son existence en 1944. En privé, on faisait référence à lui comme à la « bande des Machiavel amateurs, de Churchill ».

Officiellement, ils appartenaient à quelque chose que l'on appelait la Section de contrôle de Londres (LCS). Le genre de terminologie absconse que l'on choisit justement parce qu'elle ne veut rien dire de précis. Cette London Controlling Section était une idée originale du maître de l'intrigue secrète, Winston Churchill lui-même.

Elle ne rendait de compte qu'à lui, par l'intermédiaire de son chef d'état-major, le général sir Hasting Ismay. Churchill avait personnellement choisi son chef, le colonel John Henry Bevan. La seule chose que Bevan avait de militaire, disait-on, c'était l'astiquage parfait de ses chaussures – « le luisant le plus extraordinaire de l'armée anglaise », assuraient ses admirateurs. Il n'était pas soldat de carrière. Un agent de change londonien à la fortune considérable, et d'une parfaite éducation.

Il reste que Bevan avait fréquenté les bonnes écoles, Eton et Christ Church, à Cambridge, gagné les honneurs militaires dans les tranchées de la Somme et qu'il connaissait tous les gens importants ; mieux encore, il en faisait partie. Ainsi qu'un de ses compagnons l'a dit : « Il avait des pistons partout ! »

Ce que Bevan et ses camarades du LCS contrôlaient, en fait, pourrait être qualifié de « stratégie militaire de la supercherie ». Tromper l'ennemi sur le champ de bataille tactiquement et stratégiquement fut le grand art des Britanniques durant la Seconde Guerre mondiale. Les Américains ne croyaient pas à cette forme de guerre, surtout pas s'il s'agissait de l'appliquer à un projet aussi énorme que le débarquement de Normandie.

Mais les Anglais, si désarmés, si souvent malmenés par l'ennemi allemand, n'avaient pas d'autre recours pour pouvoir lutter.

Ils avaient déjà battu Rommel, à El-Alamein, de la même manière, en construisant des kilomètres de routes qui ne menaient nulle part; des dépôts de chemin de fer qui ne virent jamais passer un train; des pipelines qui ne transportèrent jamais la moindre goutte de pétrole. En truffant les ondes de faux messages radio, et en abandonnant intentionnellement, de-ci, de-là, de fausses chenilles de tank.

En 1943, ils avaient largué sur la côte espagnole le corps d'un homme sans identité, avec une serviette bourrée de documents menottée au poignet. Documents qui révélaient que la première offensive des Alliés en 1943 se déclencherait en Sardaigne, et non en Sicile.

À la base, une ruse de guerre est une fausse représentation de la réalité, dans le but de prendre l'avantage sur l'ennemi. Cette intoxication stratégique peut être de deux sortes : la première est considérée comme une ruse d'ambiguïté. C'est l'idée de noyer l'ennemi dans un océan de fausses informations et de l'amener à examiner toutes les possibilités envisageables avant de passer à l'action. Elle vise à paralyser sa capacité de décision, donc d'intervention, devant cette multiplication déroutante.

La seconde catégorie est plus subtile, et beaucoup plus difficile à mettre en œuvre. Elle veut au contraire atténuer l'ambiguïté devant laquelle se trouve placé l'ennemi. Au lieu d'être bombardé de faux renseignements, il est sournoisement nourri d'une seule information qui doit l'amener, tout doucement, sur le chemin d'un choix précis et séduisant. Au lieu de le rendre indécis, on l'aide à prendre sa décision et à se tromper complètement.

C'est le pari que se sont fait le colonel Bevan et sa bande de rusés Machiavel. Le nom de code de leur plan : « Fortitude ».

Sa mise en chantier a commencé en même temps que les préparatifs du débarquement. Mais c'est le choix de la Normandie qui, finalement, redonne vie et flamme à la tâche de Bevan. Il est plus facile de berner l'ennemi en allant dans le sens où il incline d'avance que de réussir à le faire radicalement changer d'avis. Et Bevan, bien sûr, sait par les interceptions de messages secrets que l'état-major général allemand est braqué sur l'hypothèse du Pas-de-Calais.

Bevan aime à dire qu'un bon expert en matière de ruse ressemble à un auteur dramatique. Il doit construire une histoire qui amènera son public à croire en ses acteurs, à sa mise en scène, à ses décors et à ses effets de son et lumière.

Et lui, il a une bonne histoire toute prête pour Hitler et ses généraux. Le but est de leur mettre dans la tête une idée crédible pour les amener à commettre une erreur ; pas n'importe quelle erreur, mais celle, précisément, qui les fera tomber dans le piège.

L'histoire, la voici : la Normandie n'est que le premier site de deux débarquements. *Deux*. Ce qui doit inciter les Allemands à retirer leurs troupes de réserve du Pas-de-Calais et à les faire se précipiter sur la tête de pont en Normandie. Ensuite, le deuxième débarquement, le vrai, leur tombera dessus dans le Pas-de-Calais, mais sur des arrières considérablement affaiblis. S'ils avalent ce mensonge, les Allemands vont forcément immobiliser dans le Pas-de-Calais des divisions qui, autrement, pourraient se colleter avec les Alliés en Normandie.

Bien entendu, le plan de Bevan qui devrait avoir un sens stratégique pour les Alliés n'en a pas : ils ont à peine assez de troupes dans les îles Britanniques pour mettre en place un seul débarquement ; alors, que dire de deux ?

Néanmoins, Bevan va construire ce mensonge, destiné à l'ennemi allemand, bout par bout, bribe par bribe, par tous les moyens et les astuces possibles, jusqu'à ce que, en un élan inspiré, les Allemands se mettent à rassembler les pièces de ce puzzle, à les confronter à d'autres puzzles, aussi patiemment combinés, et qu'ils soient soudain convaincus d'avoir découvert tout seuls la solution.

C'est une tâche d'une difficulté monstrueuse, si difficile que le maréchal sir Alan Brooke dit à Bevan, la première fois qu'ils discutent de cette idée : « Ça ne marchera jamais... Mais, putain, si ça pouvait ! »

6

Ce n'était pas le bon vieux temps

Se réveiller le matin, en France, sous l'occupation allemande, il y a cinquante ans, vous en souvenez-vous ?

Une France où la vie était un combat perpétuel pour résoudre le moindre petit problème... Par exemple : où trouver de quoi manger à sa faim ? Comment obtenir un médicament pour son bébé malade ? Courir toute la journée, s'échiner, sans rien rapporter...

C'était une France où voyager de Paris à Lille était d'une complication effarante. Infiniment plus dangereux, et terriblement plus long, que de faire Paris-New York aujourd'hui.

Prenons un homme ou une femme ordinaires, ni résistant, ni collaborateur officiel, vivant les dernières heures de ce régime odieux, et déjà perdu. À quoi ressemblait donc sa vie ?

Les deux tiers de la population vivant en France aujourd'hui sont nés après le 6 juin 1944. Hommes ou femmes, garçons ou filles pour qui la vie sous l'occupation allemande ne représente pas un souvenir mais le chapitre d'un livre de classe.

6 juin 1944. Le Français moyen se réveille. Une chose est sûre, son premier geste n'est pas de sursauter à la sonnerie du réveil réglée sur 7 h 15. Ce serait complètement inutile. Il n'y a pas d'électricité. À Paris et dans la plupart des grandes villes du pays, l'électricité ne marche que de 21 heures à 7 heures du matin, et de 12 à 13 heures.

Il est hors de question de prendre une bonne douche chaude, ou un bon bain. Même en admettant que notre Français moyen habite dans un immeuble avec gaz à tous les étages, il ne va pas s'amuser à gâcher la précieuse ration dont il dispose pour faire chauffer l'eau d'une baignoire. Si l'on dépasse son quota de gaz mensuel, les autorités le coupent sans préavis, pour une semaine, parfois plus, tout dépend du dépassement.

À quoi ressemble un bon petit déjeuner pour démarrer la journée, au printemps 1944 ? Jus d'orange, café, croissant, beurre ?

En imagination peut-être. En réalité, le Français moyen s'offre les délices d'un horrible ersatz de café – de l'orge moulu avec des glands de chêne. Ce « café », qui n'en a plus que le nom, doit être bu chaud, en principe. On se sert donc du « réchaud 44 ». Appellation contrôlée sous l'occupation. Il s'agit d'une grande bassine dans laquelle on fait brûler les journaux de la veille. Un petit truc pour que les journaux brûlent plus longtemps : les asperger régulièrement d'un peu d'eau.

De toute façon, il n'y a que deux manières possibles d'utiliser ces journaux-là, sous l'Occupation. Celle-là et l'autre.

Pour agrémenter sa tasse de « café », le Français moyen coupe soigneusement une tranche de quelque chose de dur et de noir ; une tranche de ce qu'il reste de sa ration de pain. En admettant qu'il ait réussi à l'économiser. Trouver du pain est devenu un énorme problème, à Paris, en mai 1944.

Sur les 4 100 boulangeries de la ville, 1 340 ont été obligées de fermer depuis le 1er avril. Pour économiser le charbon. C'est la conséquence des bombardements alliés sur les voies ferrées, en prévision du débarquement.

Le Français moyen a peut-être une lichette de margarine à mettre sur son pain. Quoique ce soit improbable en fait. La ration de margarine a été réduite dans toutes les grandes villes en janvier. Elle est passé de 120 grammes par mois à 60 grammes. Difficile de faire plus lichette que 60 grammes divisés par 30 jours.

Un œuf... c'est encore moins probable. Sauf à la campagne. Les œufs sont rationnés individuellement, et dans la plupart des villes la ration est descendue à un œuf par personne, toutes les cinq ou six semaines.

Donc, le summum que peut atteindre le petit déjeuner nourrissant et réparateur du Français moyen se résume à une tranche de pain et à une tasse d'ersatz de café.

Au moins se fiche-t-il pas mal d'avoir eu ou non une contravention sur sa voiture, au cas où il l'aurait mal garée pendant la nuit. Il n'a pas de voiture. Personne n'en a. Sauf les Allemands et les collaborateurs.

Et comme il n'y a pas de voitures, il n'y a pas de circulation, pas de bouchon dans les rues de Paris; dans les autres villes non plus. Pour aller travailler, le citoyen français a le choix entre trois moyens de transport : la marche, la bicyclette, ou les transports en commun qui sont extrêmement limités. À Paris, on utilise plutôt le métro. Soixante-deux stations sont fermées, et le service est restreint pour économiser l'énergie, mais le métro transporte tout de même quatre millions de personnes par jour.

Évidemment, il faut pouvoir y monter. Cela ressemble un peu à l'entraînement du Quinze de France. On est bousculé, on donne de l'épaule, du genou, les jeunes et les plus forts d'abord, les vieux et les malades attendent la prochaine rame.

Dans ces wagons surchauffés, surpeuplés, deux problèmes attendent le Parisien moyen. Premièrement, les puces. Elles sont partout. Un médecin recommande aux conducteurs de métro de porter autour du cou un petit sachet de verveine mélangée à de l'essence de pin, de manière à éloigner les puces et à infester les voisins.

Deuxièmement, il est une institution appelée « les mains baladeuses ». Cela pour la Parisienne moyenne, ces mains appartenant inévitablement à des bras masculins, et leur destination étant régulièrement les parties les plus attirantes de l'anatomie féminine. Une sorte de sport de détente. C'est extrêmement curieux, mais beaucoup de gens le disent encore (les hommes évidemment) : jamais une femme ne leur a paru plus attirante que durant ces années de privation.

D'ailleurs les jeunes femmes ont de ravissantes silhouettes. Nul besoin de tout cet arsenal de cure d'amaigrissement, ou de régime minceur. La France, sous l'Occupation, donne dans le « léger ». Le régime est bon pour tout le monde, il prend soin de la santé de tous. L'obligation de marcher, de pédaler sur sa bicyclette donne aux jeunes femmes de 1944 l'occasion de faire de l'exercice régulièrement, d'avoir le mollet alerte, sans passer par les classes d'aérobic.

Malgré les privations, la pénurie de ce temps-là, les Françaises ont conservé intact le sens du chic et de l'élégance. Le Bon Marché peut afficher un tailleur gris, avec jaquette en rayonne, pour 2 675 francs, l'équivalent du salaire mensuel d'une secrétaire, plus quinze jours (pour la jaquette).

Les turbans sont à la mode en ce printemps. Ils ont l'avantage de maintenir les cheveux en place quand on pédale à travers la ville. Et aussi les jupes courtes. Elles permettent d'économiser le tissu et de laisser voir des jambes affinées par les longues heures de marche à pied ou de bicyclette.

Les plus coquettes ornent leur mollet d'un joli trait vertical au crayon noir, histoire d'avoir l'air de porter des bas « avec couture ».

Bien entendu, il n'y a aucun problème de chômage en ce temps-là, pour les jeunes gens en particulier. Tout homme ayant passé vingt ans a un travail garanti par l'État. En plus, il est logé et nourri. En Allemagne, avec le STO, le Service du travail obligatoire.

Nul besoin de chercher le bureau d'embauche pour signer. Les Allemands et la police de Vichy viennent directement à vous, on vous encercle à l'improviste dans la rue, dans les stations de métro. Beaucoup de parents, qui ont envoyé leur fils faire une petite course en ce printemps 1944, le reverront à la nuit, entre deux gardes, dans un train à destination de Düsseldorf, Munich ou Francfort.

Pour déjeuner, les employés de bureau qui travaillent dans les villes vont au restaurant, bien sûr. Il existe des restaurants « à prix moyen », spécialement conçus pour les servir. Déjeuner classique, pour 45 francs, avec trois plats. Le premier est une assiette d'eau chaude dans laquelle a bouilli de la betterave, ce qui lui donne droit à l'appellation de « potage ». Le plat principal ressemble à quelques feuilles de salade cuite et de rutabaga, disposés autour d'un genre de navet, le tout étant d'habitude réservé aux ruminants. Ruminants que l'on retrouve également dans son assiette lorsqu'il s'agit du merveilleux morceau de boucherie dit « tétine de vache »...

Parfois, tout dépend des arrivages, un petit poisson, style hareng, tombe dans votre assiette, ou alors, le vrai délice à la mode, un morceau de requin pèlerin. À cuire avec beaucoup d'épices pour dissimuler son goût écœurant – c'est la recommandation des poissonniers.

Le spectacle est encore fréquentable, bien que ses formes soient limitées. Les cinémas produisent leur propre courant électrique, à l'aide de générateurs et de bicyclettes. Au Gaumont Palace, à Paris, on emploie quatre hommes qui pédalent à vingt-cinq kilomètres heure, pendant six heures, pour générer le courant nécessaire à deux projections de film.

Le Casino de Paris, l'endroit favori des soldats allemands en permission, offre sa revue « Pour toi Paris ». Un spectacle que le théâtre présente orgueilleusement comme « La plus belle revue du monde ».

Le soir, à Paris, le dernier métro s'arrête à 23 heures. Le couvre-feu est en vigueur dans la plupart des villes. Des patrouilles de soldats allemands arpentent les rues à coups de bottes pour arrêter ceux qui ne le respectent pas. Le prix d'un dernier baiser sous le porche d'un immeuble peut être terriblement élevé : les Allemands prennent très souvent des otages qu'ils fusillent dans les rangs des violeurs de couvre-feu.

Pour se déplacer dans les grandes villes, il y a des taxis. Des vélo-taxis, genre cyclo-pousse asiatique. Le plus souvent il s'agit d'une chaise fixée sur deux roues, tirée par un homme à bicyclette.

Certaines villes ont des autobus au gazogène. Le carburant est à base de charbon de bois et brûle dans une énorme chaudière, fixée à l'arrière du véhicule. La plupart des camions de transport de marchandises, à la campagne, utilisent le même système.

Pour la plupart des Français moyens, la soirée commence avec le retour du courant électrique, à 21 heures, et un pied de nez à l'occupant, pour écouter les messages personnels de la BBC. Une activité strictement interdite, bien entendu.

Le dîner est une autre histoire, à caractère frugal évidemment, et qui dépend essentiellement des trouvailles alimentaires de la maîtresse de maison au cours de la journée. La ration de viande hebdomadaire est si maigre que les Parisiens en plaisantent : « On pourrait l'emballer dans un ticket de métro... à condition qu'il ne soit pas poinçonné, sinon elle passerait au travers. »

En fait, la ration attribuée à un adulte pèse le poids d'une maigre escalope, ou d'une côtelette de mouton. Et ce, toutes les deux semaines.

Non que les fermes de France ne produisent rien... Elles produisent. Mais les récoltes sont réquisitionnées par les Allemands. Dans le Loiret, par exemple, les trois quarts de la production d'œufs sont envoyés par bateau en Allemagne, chaque jour que poule pond.

Les agriculteurs parviennent à en cacher assez pour vivre à peu près bien, mais les citadins sont obligés de s'abonner au système D pour survivre. Il est rare qu'un appartement à Paris, à Lyon ou à Nice, disposant d'un balcon, n'y abrite pas des cages à poules ou à lapins.

Et bien entendu, il reste le célèbre « marché noir ». Pour ceux qui peuvent se le permettre. On peut y trouver des pommes de terre à 15 francs le kilo, de la viande à 1 000 francs le kilo... et le reste à l'avenant.

Du côté des Allemands et des collaborateurs, pas de problème. Les restaurants à marché noir font le plein. Le Chapon rouge, à la porte Maillot, est l'un des favoris et, le soir, champagne au bar du Susy Solidor, par exemple.

Mais la plupart des Français restent chez eux, ils attendent. Ils espèrent. Les Américains vont-ils débarquer ? La Libération est-elle pour demain ? L'espoir fait vivre, s'il ne remplit pas l'estomac.

Évidemment, il y a de la lecture. La presse d'occupation. *Le Petit Parisien*, *Paris Soir*, et l'hebdomadaire *Je suis partout*. Des journaux racontant des faits et des histoires, en direct de Berlin, bien entendu, qui commencent par : « Le grand quartier général du Führer, et la Haute Autorité allemande communiquent... » Suit un résumé des nouvelles militaires du jour, nouvelles qui, en ce printemps 1944, font uniquement référence aux exploits de la Werhrmacht et de ses percées stratégiques sur le front de l'Est.

En fait, on n'évoque que deux aspects de l'actualité : « la terreur » des bombardements anglo-américains, et les victimes qu'elle fait dans les populations civiles. Les actes de résistance, qui sont immanquablement décrits comme des actes de « terroristes », ou de « communistes ». Les deux termes sont interchangeables.

Il y a aussi des annonces, qui font presque sourire maintenant. Dans le numéro de *Paris Soir* du 2 juin 1944, par exemple : « La Waffen SS prendra les inscriptions des recrues à son quartier général, à Paris, situé au 13 rue Auber, le 6 juin 1944. » On se demande combien de candidats ont montré leur nez ce matin-là à la Waffen SS de la rue Auber !

Autre annonce pleine d'espoir, le 6 juin 1944 : « Français qui voulez contribuer à l'instauration de l'ordre nouveau en Europe, vous pouvez vous engager dans les régiments de transport de l'armée allemande, à des conditions très avantageuses »...

Dans la soirée du 1er juin 1944, le Gauleiter Saukel rend ainsi compte d'une réunion amicale organisée par les nazis français à Paris : « Il n'y a qu'une chose que l'on ne peut comprendre en Allemagne, c'est pourquoi la France tout entière ne veut pas se rallier sans équivoque à un ordre et un avenir meilleurs. »

L'une des raisons, au moins, pourrait se trouver

dans les brutales représailles policières instituées par les autorités allemandes d'occupation, au début de 1944. Elles n'ont fait que grandir, depuis la terrible répression qui a suivi les premiers attentats de la Résistance contre l'occupant, en 1942.

À Lyon, le 10 janvier, deux soldats allemands ont été abattus. Des patrouilles allemandes écument les environs du lieu de l'attentat, s'emparent de vingt-deux hommes au hasard, et les exécutent. En avril, à Asq, la *Panzer SS* « Jugend », d'Hitler, exécute quatre-vingt six otages en représailles d'un acte de sabotage, relativement mineur, dans lequel aucun Allemand n'a été blessé. L'acte le plus sauvage de tous se produit à Tulle où cent hommes, âgés de seize à soixante ans, pris au hasard dans la population de la ville, sont pendus aux lampadaires, aux balcons, aux ponts de chemin de fer. Les corps demeureront accrochés à la vue de tous les habitants horrifiés pendant des heures.

Tout cela s'est produit il y a cinquante ans.

C'était la France de l'Occupation, avec ses horreurs et ses privations, la terreur et la faim. Cela paraît si loin, si loin, qu'on se demande si cette France-là a jamais existé.

Et pourtant, c'était elle.

7

Soldats de la nuit

Où l'on parle aussi de clous
et de bouses de vache

Ils s'appellent eux-mêmes les soldats de la nuit, les membres de l'Armée des ombres. Leur uniforme – pour ceux qui en ont – consiste en un brassard tricolore, orné d'une croix de Lorraine sur la bande blanche.

Être pris par la Gestapo avec ce brassard caché dans une poche, dans une chaussure ou dans le tiroir d'un bureau, signifie la déportation ou la mort.

Certains membres de cette armée portent des armes. Beaucoup n'en ont pas. C'est la première organisation militaire des temps modernes dans laquelle des hommes et des femmes travaillent côte à côte, à égalité. Malgré les nombreux courants qui constituent leur armée, on les range sous une appellation unique : « la Résistance ».

Pour eux, les événements qui se sont déclenchés, il y a maintenant un demi-siècle, représentent le point culminant d'années de combat, d'anonymat, de sacrifice et de terreur. Terreur car, lorsqu'ils sont pris par la Gestapo, ils ne sont pas expédiés dans les camps de prisonniers de guerre. Leur guerre à eux est secrète, clandestine ; leur capture les amène à la torture puis à la mort dans les camps de concentration du Reich.

S'il est vrai que les rangs de la Résistance n'ont grossi qu'après Stalingrad et El-Alamein, lorsque le sort des armes a tourné, il n'en est pas moins vrai qu'au début de l'Occupation, dans les jours sombres de 1940, les actes de résistance à l'occupant furent individuels, spontanés : un graffiti, par exemple, sur un mur – « Nazi = Assassin ». Ou l'étoile de David, dessinée sur la photo de propagande du soldat allemand.

Le 11 novembre 1940, à Paris, des étudiants et des lycéens, garçons et filles, ont lancé le premier acte public de résistance organisée. Prévenus par des tracts distribués sous le manteau dans les établissements scolaires, le matin même, ils ont défilé jusqu'à l'Arc de triomphe. Ils étaient dix-huit cents. Pendant un moment, ils ont tourné autour de l'Arc de triomphe, dans le sens inverse des aiguilles d'une montre, en chantant *La Marseillaise*. Certains se sont mis à cogner deux morceaux de canne à pêche l'un contre l'autre. Deux gaules de pêche. Ensemble. Deux gaules = De Gaulle. Une manière subtile d'échapper à la compréhension des Allemands, jusqu'à ce que des policiers collaborateurs éclairent les occupants sur la signification de ce geste. La répression est alors rapide. Des véhicules blindés allemands, des mitrailleuses, des soldats armés de fusils remontent la grande avenue des Champs-

Élysées et ouvrent le feu sur les jeunes, filles ou garçons.

Selon un court article paru le lendemain dans la presse collaborationniste, il y eut « beaucoup de morts ».

En réalité, dès la signature de l'armistice, deux mouvements de résistance contre l'Allemand ont commencé à prendre forme. Le premier, et le plus connu évidemment, à partir du manifeste politico-militaire du général de Gaulle à Londres. De Gaulle est rapidement reconnu par le gouvernement de Churchill, le 28 juin 1940, « chef de tous les Français libres, où qu'ils se trouvent. »

Parallèlement, cependant, un autre mouvement va naître, en France même. Il est moins bien connu au départ, car le mouvement est spontané, sans coordination, et manque de programme politique ou militaire précis. Il est l'œuvre d'hommes seuls, agissant en tant qu'individus, de Français déterminés à résister au nazisme. Sans structure, désordonné, il est plus facilement infiltré par la Gestapo.

Dans la zone libre, contrôlée par Vichy, les premiers noyaux de résistance se forment autour d'officiers rendus amers par la défaite de l'armée française Deux d'entre eux sont importants dès leurs débuts. Le premier est celui du général Gabriel Cochet, ancien chef du 2e bureau de l'armée, et commandant la 5e armée de l'air au moment de la défaite. Cochet organise un réseau de résistance deux heures après que Pétain a annoncé, à la radio, la nouvelle de l'armistice.

Le second est celui du capitaine Henry Frenay, qui va fonder ce qui deviendra l'une des plus importantes organisations en zone libre : « Combat ».

En leur qualité d'officiers de l'armée régulière, ces deux hommes partagent les mêmes idées, à la fois ambiguës et respectueuses sur de Gaulle et le maréchal Pétain. Ils ne sont pas les seuls en zone libre. Emmanuel d'Astier de La Vigerie fonde « Libération » en s'appuyant essentiellement sur les syndicats ouvriers et les membres du parti socialiste.

Dans la France occupée, soumise à la répression allemande et à la présence de la Gestapo, la situation est encore différente. Les groupes de résistance naissent à l'instigation de personnalités locales, sur des intérêts régionaux, autour d'associations politiques ou professionnelles particulières. Elles ont peu de liens entre elles, à priori aucun avec Londres, pas de programme commun qui leur permette d'unir leur opposition contre l'occupant sous une forme cohérente et efficace.

L'appel de leurs noms suffit à montrer leur diversité. L'OCM, Organisation civile et militaire, Libération Nord, la Voix du Nord, Ceux de la Libération, Ceux de la Résistance...

Beaucoup de leurs recrues sont inspirées par

l'exemple de De Gaulle à Londres. Mais les organisations n'ont ni liens formels avec le commandement de De Gaulle ni d'allégeance à son mouvement au sens strict du terme. Comment l'auraient-ils pu dans les premiers jours ? Les réseaux de communication entre la France occupée et Londres n'existaient absolument pas.

De son côté, en militaire de carrière, de Gaulle réfléchissait à son mouvement, et à ses buts. Dans les années sombres de 1940-1941, il accordait plus d'importance au ralliement des forces de l'empire colonial français qu'à l'organisation d'un mouvement en France intérieure. Un tel mouvement ne pouvait être, par définition, que civil et donc politique.

Or, de près ou de loin, le leader de la France libre méprisait les hommes politiques en général, et s'en méfiait... En un certain sens, ce sont ses alliés anglais qui vont changer cela.

Le Secret Intelligence Service, le SIS, également connu sous l'appellation de MI6, avait déjà des agents implantés en France, sous les ordres de sir Claude Dansey, bien avant la défaite. Immédiatement, Dansey s'attache à renouer les contacts avec ses agents pour organiser un réseau de renseignements à destination de l'Angleterre assiégée.

L'un des tout premiers réseaux, capable d'opérer effectivement en France occupée, le réseau « Interallié », est un réseau du SIS. En tant que tel, il dispose d'argent et de matériel radio pour communiquer avec Londres. Les règles de Dansey et du SIS sont formelles. Leurs réseaux doivent se tenir strictement à l'écart des mouvements de résistance. Leur mission est le renseignement, et uniquement le renseignement. Ils ne doivent pas s'impliquer dans des actes de sabotage ou de violence contre les Allemands, au risque d'attirer sur eux l'attention de la Gestapo.

En juillet 1940, Churchill décide de mettre en place une autre organisation parallèle pour effectuer des sabotages et des attentats contre les nazis. Elle est baptisée « Special Operation Executive ». Le SOE. Sa mission est simple : « mettre le feu à l'Europe ».

À la fureur des « sages » du SIS, elle est placée non pas sous leur contrôle, au sein du Foreign Office, mais sous la tutelle d'un autre ministère du gouvernement, le Bureau politique du ministère de la Guerre.

Si les Anglais sont capables d'installer des réseaux de renseignements et de résistance en France intérieure, de Gaulle devrait pouvoir faire aussi bien.

Il nomme à la tête de sa nouvelle organisation un jeune capitaine de commando, un vétéran de la bataille du port de Narvik en Norvège, André Dewavrin. Son organisation est appelée Bureau central de renseignement et d'action, le BCRA français.

La première recrue de Dewavrin est un cinéaste, Gilbert Renault, que l'on connaîtra bientôt comme le colonel Rémy. Son réseau, la « Confrérie de Notre-Dame », va devenir l'un des meilleurs de ceux que dirige le BCRA, une sorte de prototype pour les organisations futures.

Juin 1941 voit naître le premier des trois événements qui vont façonner et renforcer la Résistance dans les années à venir : l'invasion allemande en Union soviétique.

Alors qu'une poignée de communistes isolés a rejoint la Résistance bien avant cette date, les ordres de Moscou au parti de Maurice Thorez ont été jusque-là de faire observer une stricte neutralité dans le conflit anglo-allemand. Et voilà que, subitement, tout le poids du parti, celui des mouvements de jeunesses communistes, des organisations de femmes communistes, des syndicats ouvriers, se jette dans la bataille. Pour de Gaulle, cette émergence soudaine des communistes amène à la fois des bénéfices potentiels et des problèmes immédiats.

Il ne va pas se battre pour libérer la France de la tyrannie nazie et qu'elle retombe ensuite sous la tyrannie communiste. Il impose à son chef du BCRA, le colonel Dewavrin, une stricte règle de conduite. Éloigner le plus possible des mains communistes les parachutages d'armes destinées à la Résistance.

Le général sir Colin Gubbins, à la tête du SOE, a, lui, une politique à moins courte vue. Il s'oppose à cette règle et dit en substance : « Si les communistes font un meilleur boulot que les gaullistes en tuant des Allemands, donnez donc des fusils aux communistes ! »

Au début de 1942, le quartier général de De Gaulle, à Londres, doit prendre en compte le second événement qui va transformer la nature des mouvements de résistance.

Les tentatives formelles de liaison entre les mouvements de l'intérieur et Londres étaient rares et peu concluantes. Mais l'émergence d'un fort courant communiste à l'intérieur du mouvement, en France occupée, oblige de Gaulle à instaurer une certaine forme d'autorité centrale pour chapeauter tous les mouvements de résistance, aussi bien ceux qui opèrent en France occupée que ceux, mieux structurés, qui œuvrent à l'extérieur de la France.

Comme l'a dit le colonel Passy : « Il fallait mettre de l'ordre dans une masse hétérogène où chacun pensait pouvoir s'occuper de tout en même temps. »

Ce qu'il fallait, c'était une structure centrale de contrôle de responsabilité à Londres et opérant sous l'autorité ultime du général de Gaulle.

L'organisation de cette structure est confiée à Jean Moulin. Ce n'est pas simple. Le leadership de la Résistance sur le sol français, en particulier à gauche, se méfie de De Gaulle ; peu convaincus de ses références républicaines, certains craignent qu'il ne devienne un nouveau général Boulanger, un autre militaire aux ambitions politiques. Les chefs de la droite, eux, se méfient de Moulin et du rôle grandissant des communistes dans la Résistance. Pour sa part, de Gaulle se méfie de tout le monde, mais il doit réunir tous les mouvements de résistance sous son autorité s'il veut s'imposer auprès du haut commandement allié.

Pour accomplir sa mission, Moulin a deux éléments essentiels : l'argent et les armes. Il est donc recommandé aux organisations intérieures de se rassembler sous le parapluie gaulliste de Londres ; ainsi auront-elles de l'argent et des armes. Si elles restent en dehors, elles seront seules. Et, en acceptant l'argent et les armes gaullistes, les mouvements de résistance, bien entendu, accepteront en même temps l'autorité de De Gaulle.

C'est un travail herculéen. En janvier 1943, finalement, Moulin réussit l'unification des trois principaux mouvements œuvrant dans l'ancienne zone sous contrôle de Vichy – les Allemands, entre-temps, ont pris toute la France. C'est le Mouvement de la Résistance unie.

Le 27 mai 1943, rue du Four, à Paris, il parvient également à l'unification dans l'ancienne zone occupée, à l'exception des communistes qui restent sous l'autorité de Moscou et non de De Gaulle, sous l'appellation de Conseil national de la Résistance.

Sa réussite est rapidement suivie de son arrestation, de sa torture et de sa mort. Parallèlement se produit le troisième événement clé dans le développement de la Résistance : l'instauration par les Allemands et le gouvernement de Laval du STO, le Service du travail obligatoire. Un traquenard. Les jeunes Français sont censés se rendre en Allemagne et y travailler dans les industries de guerre, contre la libération de prisonniers français et leur retour en France – trois STO pour un prisonnier.

Par centaines, puis par milliers, de jeunes Français fuient plutôt que de se soumettre à cette forme d'esclavage nazi. Le jour de l'an 1943, l'un des assistants de Frenay lui rapporte qu'un grand nombre de jeunes gens des environs de Paris se sont réfugiés dans les collines d'une forêt des Alpes. Il appelle cela le « maquis », le haut pays boisé.

Un nouveau mot, un nouvel élément de la Résistance, vient de naître. Au contraire de la résistance en zones urbaines, qui a dû s'organiser en cellules secrètes et opérer dans les règles de la plus totale clandestinité, ces jeunes gens sont rassemblés en groupes importants. Tous d'âge militaire. S'il est possible de les structurer, de les entraîner et de les armer, ils peuvent apporter une forme différente et nouvelle de résistance à l'occupant.

Comme ces groupes de résistants sont devenus de plus en plus importants, au cours de l'année 1943 et des premiers mois de 1944, un énorme souci préoccupe le haut commandement allié. Quel rôle donner à la Résistance au moment du débarquement en Normandie ?

Ironiquement, les Français n'auront pas vraiment voix au chapitre quand viendra l'heure de la décision. Elle est prise par un groupe d'officiers anglo-américains, réunis dans une ancienne salle de classe du collège Saint-Paul de la banlieue de Londres.

Étant donné la force grandissante des maquis, l'une des premières questions à laquelle il faut répondre est celle-ci : Eisenhower peut-il, au matin du jour J, lancer un appel à l'insurrection nationale en France ?

De la même façon qu'il est important de retarder la contre-attaque des Allemands après le débarquement, un soulèvement national de tous les maquis de France obligerait les Allemands à mobiliser une grande partie de leurs forces pour réprimer les attentats, protéger leurs lignes de communication et leurs quartiers généraux. Ce qui ralentirait, inévitablement, leur action en Normandie.

Mais le résultat final, pour ces milliers de jeunes Français sous-entraînés et mal armés, ce serait un véritable massacre. Peut-on les exposer cyniquement à un tel risque, sous prétexte d'épargner d'autres vies, celles de soldats alliés sur les plages ? Le carnage du maquis des Glières a montré à quel point ces groupes de la Résistance étaient vulnérables aux attaques des unités de la Wehrmacht, des blindés et de l'artillerie.

Donc, l'idée d'une insurrection nationale sur le territoire français coïncidant avec le débarquement est éliminée. Le rôle assigné à la Résistance consiste en une série d'actions de sabotage, destinées à ralentir les Allemands. Noms de code : « Vert » pour les sabotages de voies ferrées ; « Bleu » pour les centrales électriques ; « Violet » pour les télécommunications ; « Tortue » puis « Bibendum » pour le sabotage des routes et des ponts.

On parachute aux groupes de résistants des milliers de clous qu'ils doivent répandre sur les routes, pour crever les pneus des véhicules. Et aussi des mines, qui ont l'aspect de bouses de vache, à déposer sur les routes que les Allemands devront emprunter. On envoie des instructions sur la localisation des objectifs et la manière de détruire les lignes souterraines de téléphone, faire dérailler les trains, bloquer les signaux, immobiliser les centraux téléphoniques.

On rappelle aux membres de la Résistance qu'il suffit de deux morceaux de sucre dans le réservoir d'essence d'un char pour le mettre hors d'usage. Hélas, personne ne dit comment se procurer du sucre ni comment approcher un char allemand d'assez près pour « sucrer » son réservoir...

En tout, mille deux cents voies ferrées, trente routes et trente-deux centres de communication ont été choisis et attribués à différents réseaux de résistance.

Le problème est qu'ils sont tous situés dans la zone d'invasion. Pour que les Allemands continuent de croire que les plans des Alliés vont beaucoup plus loin, il est essentiel de sélectionner des cibles identiques ailleurs, en Bretagne, dans le Pas-de-Calais, dans le nord et le centre de la France.

Dès que les instructions sont parvenues sur le terrain, la mise en œuvre de ces actions de sabotage est suspendue à la voix de Londres, qui va débiter trois cent vingt-cinq messages personnels de toutes les couleurs.

Mais les Français de tous les maquis brûlent d'impatience de se jeter dans la bataille. Vont-ils écouter tous ces messages qui leur sont destinés sans aller au-delà des consignes reçues ? Le risque est énorme, mais il faut le prendre.

Comme l'écrira plus tard Maurice Schumann : « Le 6 juin 1944, la principale créance de la France sur la victoire commune fut établie par les Français sans uniforme, demeurés dans l'anonymat ou tombés dans l'oubli. »

8

Fortitude

Il y a cinquante ans, tout le sud-ouest de l'Angleterre n'était qu'un immense terrain militaire. En Cornouailles, dans l'arrière-pays de Portsmouth et de Southampton, dans les vertes vallées du pays de Galles, les troupes et les matériels de la grande invasion attendaient le jour J.

Des stocks de caisses de munitions s'empilaient sur plus de trois mètres de haut, planqués sous le feuillage des chênes et des marronniers. Des half-tracks, des automitrailleuses, des camions Dodge de 2,5 tonnes, des tanks Sherman s'alignaient, pare-chocs contre pare-chocs, à perte de vue, prêts à embarquer pour la côte normande.

On avait tellement construit de terrains d'aviation – cent soixante-trois en tout – en prévision de l'invasion que les pilotes plaisantaient en affirmant que l'on pouvait conduire un avion comme une voiture d'un bout à l'autre de l'Angleterre, sans écorcher le bout d'une aile.

Sur l'autre rive de la Tamise, dans le Kent, le

Sussex, les comtés du Norfolk et du Suffolk, au milieu des terres riches et fertiles, derrière les falaises de Douvres, c'était aussi le même spectacle : des tentes de toile vert olive qui se cachaient dans les vallées, à l'abri des collines, drapeaux flottant dans la brise du printemps, cheminées de cantines fumant dans le ciel de mai. Là aussi, des milliers de caisses de bois, entreposées dans un ordre parfait, des montagnes de jerrycans, des rangées de tanks Sherman parfaitement dissimulés sous leurs filets de camouflage.

Une seule chose différencie tous ces campements militaires qui parsèment la campagne du sud-est de l'Angleterre de leurs frères jumeaux cantonnés au sud-ouest : ici, les tentes sont vides. Pas de troupes à l'intérieur. Pas la plus petite cartouche de munitions dans ces caisses de bois. Pas la moindre gouttelette d'essence dans ces bidons. Quant à ces tanks, ils ne sont pas faits d'acier, mais de caoutchouc. Aussi inoffensifs que des ballons d'enfants, un jour d'anniversaire.

Ils appartiennent à une armée fantôme, orgueilleuse création du colonel John Bevan, l'officier anglais responsable de « Fortitude », le plan destiné à berner le haut commandement allemand sur les véritables projets des Alliés.

Il a pour but de faire croire aux Allemands que la Normandie est le premier de deux plans de débarquement. D'amener Hitler à retenir ses blindés dans le Pas-de-Calais, à lui faire croire que, plus tard, une véritable invasion pourra déferler sur la Manche et atteindre la côte française en face de Douvres.

Mais il y avait un problème pour réaliser ce plan d'intoxication : les troupes. Les Alliés avaient juste assez d'hommes et de matériels en Angleterre pour organiser un débarquement, pas deux.

Comment s'y prendre pour convaincre Hitler que l'Angleterre disposait de forces suffisantes pour envisager deux débarquements ? La réponse de Bevan : ce sont ces villages de tentes vides.

Il n'y avait pas assez de troupes ? Il en a fabriqué. Il a créé une armée factice et a peuplé les champs du sud-est de l'Angleterre. Ses divisions imaginaires portent un nom imposant : le 1er corps d'armée des États-Unis (First United States Army Group, FUSAG).

Il lui a désigné un commandant : le général S. Patton, ce commandant d'unité blindée, bouillant et agressif, dont les Allemands croient qu'il va superviser l'invasion. Cette armée a son quartier général à Wentworth, près d'Ascot. Elle se compose bien de deux armées réelles – la 1re armée canadienne et la 3e armée US –, de véritables divisions d'infanterie et de blindés. Seulement, les divisions en question ne sont pas en Angleterre. Elles s'entraînent encore aux États-Unis et au Canada.

Le major Ralph Ingersoll, lorsqu'on lui a demandé d'aider Bevan dans la mise au point pratique de « Fortitude », s'est exclamé : « Quelle foutaise ! L'idée ne vaut pas un clou ! De la camelote !

C'est fou! C'est fou! fou! fou! Les Allemands n'y croiront jamais. »

Mais ils y ont cru, et c'est en grande partie grâce à l'éclair de génie de cet Ingersoll, lors de son premier contact avec le colonel Bevan.

Il avait inspecté une usine anglaise qui fabriquait de la menuiserie de charpente et où l'on sculptait méticuleusement les modèles en bois des tanks Sherman qui devaient servir d'appât à la reconnaissance aérienne allemande. L'ennui, c'est que la fabrication d'un faux char prenait autant de temps que celle d'un vrai. Alors, Ingersoll se souvint brusquement de la célèbre parade de Thanksgiving à New York, de ses énormes défilés de Mickey Mouse et de Donald Duck en caoutchouc... Pourquoi ne pas faire aussi des tanks en caoutchouc?

Quarante-huit heures plus tard, il était au Pentagone de Washington pour expliquer son idée aux responsables des cinq manufactures de pneus des États-Unis. En un mois et demi, il avait ses tanks Sherman et ses camions Dodge – d'énormes mais très légères pièces d'artillerie de campagne – pour équiper l'Angleterre. Ils arrivèrent dans des colis pas plus grands que des valises. Ingersoll jubilait · « Vous vous rendez compte! Un tank Sherman dans une valise! »

Une fois gonflés à l'air comprimé comme des ballons, l'imitation était parfaite. Il ne manquait même pas les rivets des tourelles!

Une centaine de chars pouvaient être ainsi envoyés dans le sud-est de la campagne anglaise, à la nuit, pendant qu'un char d'acier, authentique celui-là, sillonnait quelques champs pour dessiner de vraies traces de chenilles.

Ce théâtre de caoutchouc fut soigneusement camouflé à l'aide de filets, moins soigneusement toutefois que d'habitude. Si d'aventure un pilote de la Luftwaffe le survolait en mission de reconnaissance, il devait pouvoir identifier le matériel impressionnant que dissimulait le camouflage.

Pour donner vie à ces unités de fantômes, un détachement spécial des transmissions de l'armée US fut expédié en Angleterre. Sa mission : simuler, dans le moindre détail, tous les messages que l'armée fantôme était supposée transmettre lors de ses mouvements dans le sud-est de l'Angleterre. Certains étaient codés. D'autres en clair. Certains transmis en morse, d'autres par la voix d'un radio-émetteur.

Des acteurs de Broadway ou d'Hollywood, capables d'imiter les différents accents américains, de l'argot de Brooklyn au grognement du Maine, prêtaient leur talent à ces transmissions. Dix-sept équipes de dix hommes chacune se chargeaient d'envoyer les messages. Certains faisaient le tour de la région dans des caravanes. D'autres demeuraient en permanence dans les villages où les Allemands étaient censés localiser le commandement de l'armée fantôme.

C'était une plaisanterie, mais grave et sérieuse. Si elle fonctionnait, l'armée de fantômes nommée Fortitude allait devenir de chair non dans la verte et douce campagne anglaise, mais dans l'esprit d'Adolf Hitler lui-même.

La première étape dans ce voyage vers l'esprit d'Adolf Hitler, c'était d'abord un immeuble, le Mayback 1, dans la ville de Zossen, à quelques kilomètres de Berlin. Zossen était le quartier général du haut commandement de l'armée allemande.

C'était là que les officiers supérieurs d'Hitler profitaient largement des privilèges de leur caste, de leurs chevaux de la haute école de Vienne.. Au mépris des souffrances que leurs armées infligeaient aux pays occupés, ces « seigneurs » y vivaient royalement.

Mayback 1 était le bureau des services de renseignements de l'armée de l'Ouest, la branche de la Wehrmacht responsable de l'estimation des forces alliées, et de l'utilisation qui en serait faite dans l'affrontement à venir.

Son officier commandant était le colonel baron Alexis von Roenne Le type même de l'aristocrate prussien, comme son ennemi du côté de Fortitude, le commandant colonel Bevan était, lui, un aristocrate anglo-saxon. Les ancêtres prussiens de von Roenne avaient reçu leur baronnie des mains de Frédéric de Prusse lui-même.

Mais le plus important était qu'Hitler crût en von Roenne et en son travail.

Il s'intéressait à ce Prussien austère depuis août 1939, lorsque von Roenne, contre l'avis de ses supérieurs, avait affirmé au Führer que les armées anglaises et françaises ne bougeraient pas de la ligne Maginot, pendant que ses légions envahiraient la Pologne. Hitler lui-même avait décoré von Roenne pour cette estimation remarquable, à la fin de 1943.

Le travail de von Roenne n'avait jamais été facile; mais, au fur et à mesure qu'approchait la période de l'invasion, il devenait encore plus difficile. Son problème était Hermann Goering et la Luftwaffe. Goering n'avait guère envie de mettre en péril ce qui lui restait d'aviation pour effectuer des missions de reconnaissance.

Ce manque ne laissait à von Roenne que deux sources d'information : l'interception des messages radio et les rapports des agents de renseignements de l'Abwehr en Angleterre.

L'expérience de von Roenne l'amenait à se méfier des rapports des agents allemands infiltrés derrière les lignes alliées, ou des contacts avec les diplomates alliés en pays neutres. Mais, puisqu'il devait dépendre uniquement d'eux, von Roenne fut bien obligé de demander, en février 1944, à l'amiral Canaris, chef des services de renseignements allemands, son avis personnel sur les agents en question.

Canaris répondit qu'il y en avait deux en qui il pou vait avoir une totale confiance. Ils étaient tous les deux en Angleterre. Un Polonais, nom de code V Mann Armand. Et un Espagnol, nom de code V Mann Arabal.

Von Roenne devait une fière reconnaissance à ces deux-là. Pour de multiples raisons. Plus l'invasion approchait, plus les repérages aériens de la Luftwaffe se faisaient rares, voire inexistants; plus devenaient importantes les informations que lui fournissaient les deux hommes.

Heureusement, les fichiers de von Roenne ont survécu à la guerre. La clé n° 1, NR2796/44, donne le rapport d'estimation hebdomadaire concernant les projets des Alliés, établi pour le quartier général d'Hitler, le 15 mai 1944. Il repose essentiellement sur les renseignements fournis par Armand et Arabal à leurs agents traitants de l'Abwehr, au cours des deux premières semaines de mai.

Von Roenne estime ce jour-là qu'il y a en Angleterre un total de soixante-dix-huit divisions alliées. Que le point de concentration le plus important des troupes se trouve dans le sud-est du pays et il ajoute : « C'est de plus en plus évident. »

Pour ce qui concerne la stratégie alliée, il prédit : « Il faut s'attendre à ce que l'essentiel de l'attaque ait lieu de part et d'autre du Pas-de-Calais. »

En réalité, il n'y avait que trente-sept divisions stationnées en Angleterre ce jour-là. Toutes, sauf trois, basées dans le sud-ouest de l'Angleterre, sur les côtes anglaises, face à la Normandie...

Les inventeurs du plan d'intoxication Fortitude n'auraient pu écrire eux-mêmes un meilleur rapport pour Hitler et ses généraux.

Fortitude. En français : « Force d'âme ».

9

Ruse service

C'est un immeuble de style résolument victorien, l'un de ceux qui se dressaient jadis au centre de Londres. Il est fait de briques rouges, couleur de feuilles d'automne ; la peinture de ses ornements de bois s'écaille de vétusté.

L'adresse, pourtant, 58 Saint James Street, est aussi distinguée que le bâtiment est triste. Trois lettres surplombent le porche de l'entrée principale : « MGM », et signalent le propriétaire, la Metro Goldwyn Mayer.

Dans les années d'avant-guerre, les producteurs de films d'Hollywood avaient fait de ce bâtiment leur quartier général pour la distribution de leurs comédies à travers l'Europe.

Chaque mercredi après-midi, pendant tout l'été 1944, une poignée d'Anglais, certains en uniforme, d'autres en civil, se faufilent discrètement dans ce bâtiment. D'autres « créations », bien différentes des productions de la MGM, les intéressent. Ils se dirigent vers la salle de conférences du troisième étage, occupée principalement par le MI5, service de renseignements britannique.

Ils appartiennent à ce que l'on appelle la 20e commission, en référence aux deux chiffres romains qui la désignent (XX). On les appelle aussi la commission « Double Cross » (ruse). Car la première préoccupation de ces hommes, au cours de leur rendez-vous du mercredi, est de chercher à duper l'ennemi allemand.

Toutes les organisations secrètes des Alliés sont représentées ici. Le MI6, l'Intelligence Service, la Section de contrôle de Londres, l'OSS américain – l'Office des services stratégiques qui a précédé, avant guerre, la CIA –, le Service de renseignements de l'Armée, de la Royal Navy et de la RAF.

John Cecil (JC) Masterman, leur maître de conférences, est issu d'Oxford et tellement compassé que ses collègues se demandent si ses initiales ne seraient pas réellement celles de Jésus-Christ.

En ce printemps 1944, ces hommes assistent à une réunion qui a pour objet les prolongements d'un des plus remarquables succès de l'histoire du contre-espionnage. Car, ce printemps-là, il n'existe pas le moindre agent allemand opérant sur le sol britannique ! Pas un seul. Ce prodige, on le doit au travail d'un Écossais redoutable, le colonel Thomas « Tar » Robertson.

Depuis 1939, Robertson a systématiquement

retourné les agents allemands et les fait travailler contre leurs correspondants de l'Abwehr, soit par radio, soit par messages écrits. Grâce à cette pénétration du réseau allemand, chaque fois qu'un nouvel agent ennemi tente de s'infiltrer en Angleterre, à bord d'un sous-marin ou parachuté par un bombardier de la Luftwaffe, il est accueilli à bras ouverts par les hommes de Robertson...

Dès le début de 1942, Robertson était sûr que chacun des agents installés par les Allemands en Angleterre était ou mort ou en prison, ou travaillait pour lui.

La commission « Double Cross » a été créée pour exploiter ce remarquable résultat. Sa tâche consiste à retourner systématiquement les agents contre leurs correspondants allemands, à bâtir des rapports de confiance pour obliger ces derniers à croire au travail de leurs agents. Ce qui signifie, bien entendu, que la plus grande partie de l'information envoyée par les espions aux Allemands, environ quatre-vingts pour cent, doit être exacte. Lorsque les Allemands posent des questions précises, il faut leur donner des réponses, et de bonnes réponses.

Beaucoup d'hommes et de femmes, des Anglais innocents, ont payé de leur vie cette opération lorsque la Luftwaffe a bombardé des cibles que les agents « Double Cross » avaient identifiées à son intention. C'était, hélas, le prix à payer pour que les Allemands accordent toute crédibilité à ces agents et avalent ensuite des mensonges qui devaient changer le cours de la guerre.

À l'aube du débarquement, ces innocentes victimes vont être vengées. Le réseau est en mesure d'apporter aux Alliés d'énormes avantages. Premièrement, aucun agent allemand en Angleterre n'est alors capable de pénétrer le secret des campagnes du Kent ou du Sussex, et de découvrir au sol l'immense leurre que les Anglais sont en train de monter avec leur prétendu « 1er corps d'armée des États-Unis ».

Mieux encore, cela signifie que lesdits agents, dont la réputation a été soigneusement entretenue auprès de leurs correspondants allemands, peuvent maintenant déverser dans les oreilles ennemies des bribes de ce puzzle chinois destiné à amener Hitler et ses généraux dans la bonne direction. Celle que les Alliés veulent leur voir prendre dans les heures qui suivront le débarquement.

Deux de ces agents vont se distinguer dans l'accomplissement de cette tâche. Le Polonais et l'Espagnol. Ceux dont les rapports et le travail sont considérés par l'amiral Canaris comme sérieux et solides. Ceux qu'il a lui-même signalés au chef du Service de renseignements de l'Armée allemande comme des agents de confiance.

Le Polonais était officier dans l'aviation polonaise, pilote émérite et champion de ski olympique avant la guerre. Il s'appelle Roman Czerniawski. Son aventure a commencé, curieusement, dans une cellule de la prison de Fresnes.

Czerniawski avait fui vers la France, après que les Allemands eurent dévasté son pays natal, en septembre 1939. Il avait commencé par combattre, en s'engageant comme volontaire, dans l'armée française lors de la débâcle de 1940. Fait prisonnier, il réussit à s'évader et retourna à Paris pour reprendre aussitôt la lutte contre les nazis, cette fois en organisant l'un des premiers réseaux clandestins, pour l'Intelligence Service britannique. Le réseau s'appelait Interallié et devint très tôt un groupe d'opération efficace.

Czerniawski, hélas, donne plutôt dans l'amateurisme aventureux. Il s'amourache bientôt de son opératrice de code, une femme étonnamment séduisante, Mathilde Carré, « la Chatte ». Laquelle tombe dans un piège tendu par un agent secret de l'Abwehr. Une fois capturée, « la Chatte » préfère concentrer ses charmes indéniables sur un certain Bleicher, redoutable agent du contre-espionnage allemand, devient sa maîtresse et lui dénonce ses compagnons de la Résistance.

Lorsque le patron de Bleicher, le colonel Oscar Reille, chef de l'Abwehr en France, se met à éplucher les opérations d'Interallié, il est sidéré par les succès obtenus. L'Abwehr, il le sait bien, n'a pas de réseau équivalent en Angleterre. Ce qui le décide à rendre une petite visite à Czerniawski dans sa cellule de Fresnes.

Reille lui fait alors le chantage classique. Allez en Angleterre, espionnez pour le compte des Allemands... Moyennant quoi, la vie de soixante-trois

Français, hommes et femmes, arrêtés à la suite de la découverte du réseau et de la capture du Polonais sera épargnée. Ces gens deviennent en quelque sorte les otages de la loyauté de Czerniawski au service du IIIe Reich en Angleterre.

Mais s'il refuse le chantage ? Alors ce sera la potence pour lui et pour ses camarades résistants.

Czerniawski choisit l'Angleterre. L'Abwehr lui arrange une évasion le jour anniversaire de la prise de la Bastille, en 1942. En septembre, nanti des instructions nécessaires à la fabrication d'une radio à ondes courtes et d'une longue liste de questions dont Reille attend les réponses, Czerniawski est en Angleterre.

Immédiatement, il prend contact avec le MI5, leur raconte ce qui lui est arrivé et supplie qu'on l'aide à sauver les membres de son réseau.

Les Anglais ne l'estiment guère – son nom de code anglais est « Brutus »... Mais, compte tenu des soixante-trois personnes menacées, ils l'installent dans une maison, à Richmond Hill, avec un émetteur et un sergent du corps royal des transmissions en guise d'opérateur, et commencent à lui faire envoyer un flot de renseignements de troisième main, à Reille, à l'hôtel Lutétia à Paris.

À leur grand amusement, en interceptant les messages radio de Reille à Berlin, les Anglais constatent que les Allemands se mettent à considérer Brutus comme un agent de premier ordre. Pourquoi les désappointer ? se disent les Britanniques. Et ils donnent une promotion à Czerniawski. Comme il était officier dans l'aviation polonaise, on le nomme agent de liaison des forces aériennes de la Pologne libre, au sein de la RAF. Une fois de plus, il grimpe dans l'estime de ses supérieurs allemands.

Arrive le printemps 1944, et la nécessité de mettre « Fortitude » en route. Brutus/Czerniawski devient soudain un envoyé de Dieu, une bénédiction du Ciel pour les hommes de la commission « Double Cross ». Il est promu officier de liaison polonais dans l'armée fantôme. Comme il est officier en service, il est logiquement habilité à rencontrer des gens, à aller dans certains endroits, à assister à des réunions, à voir et à entendre des choses qui seraient inaccessibles à un agent secret du « civil ».

Au fur et à mesure que passent les mois – mars, avril, mai –, le Polonais devient pour les Allemands une source d'information extrêmement précieuse. Où tout est faux, et où tout est vital, pour le succès de l'invasion à venir.

Et l'autre agent double ? L'Espagnol ?

Nom de code : « Garbo » – comme la splendide actrice suédoise. Sans aucun doute, l'agent double le plus important de la guerre. Bien plus important que le Richard Sorge de Staline à Tokyo, ou même que Ciceron, l'espion allemand qui se fit passer pour le maître d'hôtel de l'ambassadeur de Grande-Bretagne en Turquie. « Garbo »... C'est à lui seul toute une histoire !

10

Garbo oui, Garbo non

Le nom de Garbo évoque en général le superbe visage de l'énigmatique star suédoise qui préférait la solitude à la rumeur d'Hollywood. Greta Garbo.

Il existe un autre Garbo, dont l'image évoque bien autre chose, à l'heure où l'on célèbre le soixantième anniversaire du débarquement. Malheureusement, c'est une image sans visage. Celle d'un homme qui, sans aucun doute, fut l'agent double le plus important de la Seconde Guerre mondiale. Un homme dont le travail souterrain est l'un des pivots du succès du débarquement allié.

Il s'appelait, en clair, Juan Pujol Garcia ; « Garbo » pour les intimes, c'est-à-dire en code pour les services secrets alliés, qu'il a si bien servis. Et « Arabal » pour les nazis, qu'il a trompés avec une extraordinaire efficacité.

Il n'existe aucune photographie de Garbo dans les archives du débarquement. Durant des dizaines d'années, il a vécu sous une fausse identité, dans un pays d'Amérique du Sud, traqué à jamais par ceux dont il se fit des amis pour mieux les trahir.

L'histoire de Garbo-Garcia est fascinante. C'est un Espagnol, un Catalan natif de Barcelone, et un anticommuniste fervent. Mais d'avoir combattu dans l'armée fasciste, pendant la guerre civile d'Espagne, il est dégoûté de Franco et de ses alliés allemands et italiens. Notre homme est convaincu que la démocratie est l'unique avenir des pays d'Europe : une démocratie comme celle de la France, ou de l'Angleterre.

Lorsque la France tombe en 1940, il prend la décision de s'engager personnellement dans le conflit qui enflamme l'Occident.

Il contacte un officier représentant le MI6 anglais à Madrid, et lui offre ses services. Il va se rendre dans les bureaux locaux de l'Abwehr, les services secrets de l'armée allemande; là, il racontera aux Allemands qu'il s'apprête à partir travailler pour une firme pharmaceutique espagnole en Angleterre et qu'il se met à leur disposition comme espion. Étant donné ses années de service dans l'armée franquiste, les Allemands n'auront aucune raison de douter de son attachement à la cause fasciste, et l'embaucheront sans problème. En réalité, il travaillera, bien entendu, pour les Alliés.

L'officier du MI6 chargé de l'entretien ne voit qu'une chose, inscrite en grosses lettres sur le front du pauvre Garcia : « Piège allemand ».

Il le met à la porte, tout juste poliment.

Garbo ne se décourage pas. Il va quand même voir l'Abwehr. Le voilà donc devant un autre officier, allemand celui-là, en train de raconter sa petite histoire : il va partir pour Londres, et il voudrait en profiter pour devenir un agent au service de la grande cause nazie ! L'Allemand fait preuve de plus d'enthousiasme que son homologue anglais. Garbo est introduit auprès du chef du bureau de l'Abwehr, Erich Kuhlenthal, qui lui donne son nom de code « Arabal », lui apprend à se servir des encres secrètes, et lui attribue des fonds et une liste de renseignements dont les Allemands ont besoin.

On l'expédie officiellement à Londres.

Malheureusement, il reste un problème. Garbo a autant de chances de pouvoir entrer sur le territoire britannique que d'aller se poser sur la Lune. Il se rend donc à Lisbonne. Pour pouvoir expédier des rapports à Kuhlenthal, il se sert tout simplement de la presse britannique, disponible dans la capitale portugaise.

Mais comment faire croire à son correspondant à l'Abwehr, à Madrid, que ses rapports viennent effectivement de Londres ? Garbo fait fonctionner son imagination. Il s'invente un « courrier », un ami anglais, steward de profession. Cet homme est supposé travailler sur un navire qui fait la liaison Liverpool-Lisbonne. Il est également supposé transporter le courrier d'Arabal et le poster depuis Lisbonne.

Donc, chaque fois que le navire à bord duquel

travaille son steward imaginaire fait escale à Lisbonne, Garbo n'a plus qu'à poster lui-même son rapport pour Kuhlenthal, rédigé à l'encre invisible et signé de son nom de code, Arabal.

Ces rapports ne disent pas grand-chose. Du remplissage fumeux, tiré de la lecture des journaux anglais. Mais notre espion est un homme intelligent. Il sait lire entre les lignes et il arrive parfois qu'une information transmise à Kuhlenthal soit malheureusement proche de la vérité.

Quoi qu'il en soit, il fonctionne tellement bien que le contre-espionnage anglais commence à remonter sa piste, en interceptant les rapports ultrasecrets qui circulent de la base de Kuhlenthal à Madrid au quartier général de l'Abwehr à Berlin. Et les Anglais se demandent qui peut bien être ce fameux « V Mann Arabal », qui semble travailler en toute impunité sur le sol britannique!

Au bout d'un an ou presque d'espionnage artisanal, Garbo/Arabal/Garcia retourne à Madrid au MI6 anglais, et s'identifie lui-même comme étant V Mann Arabal.

Cette fois, les Anglais le décoreraient volontiers. Il est expédié en Angleterre par la première filière disponible et affecté comme agent au MI5.

On lui adjoint comme officier traitant un Anglo-Espagnol du nom de Thomas Harris, dit Tommy, d'une adresse diabolique. Harris est un expert de renommée mondiale en matière de Goya et de Greco. Il a acquis une fortune considérable, avant la guerre, en faisant commerce d'art espagnol, dans sa propre galerie, installée au rez-de-chaussée d'un somptueux hôtel particulier de Mayfair. Quelques mauvaises langues chuchotent qu'en réalité il écoule les œuvres volées par ses amis républicains dans les églises espagnoles.

Harris est littéralement fasciné par la tactique de Garbo qui consiste à s'inventer des sous-agents fictifs. Une de ses créations, pourtant, le gêne un peu – un soi-disant flingueur retraité de l'IRA, vivant dans la banlieue de Liverpool et... devenu trop encombrant. Cet homme est supposé vivre dans un secteur d'où il pourrait rendre compte à Madrid de l'arrivée des transports alliés. Harris décrète que, si Garbo a imaginé l'existence de cet homme, il peut tout aussi bien organiser son enterrement. Le malheureux tombe aussitôt malade d'un cancer du pancréas et meurt avant même que le premier navire de troupes américain aborde les docks de Liverpool. C'est plus sûr.

Au cours des mois suivants, Garbo et Harris se mettent à bâtir ensemble un superbe réseau d'agents secrets imaginaires. Pour les recruter, ils se fondent essentiellement sur l'immense armée de mécontents répandus ici et là en Angleterre. Gallois, Sikhs, Chypriotes, Grecs, Espagnols de Gibraltar, Égyptiens...

auxquels viennent s'ajouter, par exemple, l'éternel communiste espagnol, persuadé qu'il fait passer des informations au Parti, à Madrid ; le sergent américain qui se saoûle dans les soirées de Garbo et ne sait pas tenir sa langue ; la secrétaire mal fagotée du ministère de l'Information, complètement folle des charmes latins du séducteur hispanique. Tout cela a un petit air d'Alice au pays des merveilles.

Quand des agents virtuels sont virtuellement recrutés, Garbo doit déterminer les capacités des uns et des autres, et s'en rapporter ensuite à Kuhlenthal. L'Allemand, quant à lui, suggère de les mettre à l'essai sur telle ou telle mission, afin de déterminer les vrais mérites de ces fausses recrues. Certains réussissent dans leurs missions. Beaucoup d'autres échouent et sont éliminés sur le conseil avisé de Kuhlenthal. En février 1944, le réseau de Garbo se compose de vingt-quatre agents totalement fictifs.

On les a répartis géographiquement dans les bases du sud-ouest et du sud-est de l'Angleterre avec une légère préférence pour le sud-est de manière à éviter les soupçons. Et, au moment du rassemblement de l'armée fantôme, les faux agents de Garbo s'emploient évidemment à noyer Madrid sous un flot d'informations. Il ne s'agit pas d'informations d'une haute importance militaire, telles que Brutus de son côté en fournit à son agent traitant. Mais d'éléments précis, de bribes d'informations : les traces du passage d'un half-track américain dans le Kent ; la description d'un numéro de division sur l'épaulette d'un soldat canadien dans l'est de l'Angleterre; la vantardise d'un GI, ivre dans un pub de Douvres... Tout cela pouvant se raccorder morceau par morceau avec les informations beaucoup plus techniques fournies par Brutus.

Puis, à la fin d'avril 1944, Harris a un trait de génie. Le matin du jour J, vers 3 heures à peu près, il faudra que ses supérieurs laissent Garbo informer Kuhlenthal à Madrid de l'invasion qui se prépare. Il faudra que Garbo passe un message radio aux Allemand disant que l'invasion est en route, que les navires sont déjà en mer, que l'attaque est imminente et, surtout, qu'*on le laisse faire tout cela, avant que le premier soldat allié ait pris pied sur la côte normande*

Harris a très soigneusement calculé le temps que prend la transmission d'un message radio de Garbo à Madrid. Le temps qu'il faut à Madrid pour le décoder, puis pour le recoder et le transmettre à Berlin. Enfin, le temps que prendra Berlin pour le décoder de nouveau. Il sait maintenant, sur la base de ces calculs, que, le temps pour Berlin de recevoir en bout de circuit le message de Garbo, il sera trop tard pour avertir les troupes allemandes basées en Normandie. Et alors là ! La réputation de Garbo aux yeux de ses agents traitants allemands va encore grimper en flèche !

Ils sauront que « leur » homme, Garbo, a réussi à passer son message depuis Londres *avant* que les troupes aient débarqué. Et cet homme-là deviendra forcément le meilleur agent, le numéro 1, du Reich dans le monde.

Pour compléter ce résultat mirifique, Garbo va envoyer un second message, quarante-huit heures après le débarquement, au moment critique où Hitler se posera la question de savoir si, oui ou non, il s'agit en Normandie d'une grande invasion. Ou si une deuxième attaque n'est pas en train de déferler dans le Pas-de-Calais.

Étant donné que Garbo aura donné des renseignements parfaitement exacts dans son premier message, Harris estime que les Allemands seront plus que jamais disposés à croire le second.

Au sein de la mission « Double Cross », tous sont d'accord sur cette grande idée. D'accord aussi sur le fait qu'Eisenhower, lui, ne l'acceptera jamais.

Pourtant, à leur grande surprise, Ike consent.

Maintenant, Harris et Garbo n'ont plus qu'à trouver une explication convaincante sur la manière dont Garbo aurait réussi à percer le secret du débarquement.

C'est grâce à l'agent 4 (l'un de ses agents bidon évidemment), l'Espagnol originaire de Gibraltar, qui déteste par conséquent l'envahisseur anglais. Il travaille dans la cafétéria de la NAAFI, la cantine de l'armée d'infanterie britannique, installée dans les grottes de Chiselhurst. Le 27 avril, il informe Garbo qu'on va le transférer dans un autre secteur et qu'il a dû signer le certificat de sécurité, comme tous les employés de la NAAFI affectés dans une zone qui concerne les forces d'invasion. Garbo transmet immédiatement cette nouvelle par radio à Kuhlenthal, au quartier général de l'Abwehr à Madrid.

Trois jours plus tard, l'agent numéro 4 se débrouille pour rencontrer Garbo à la gare de Winchester. Il vient d'être affecté au camp de Hiltingbury, où est stationnée la 3e division d'infanterie canadienne.

Ce camp existe bien. Ainsi que ladite division. En fait, elle mènera la première vague d'assaut à Juno Beach, le jour J.

Le soir même, Garbo informe Madrid de la nouvelle affectation de l'agent numéro 4.

Puis, le 5 mai, numéro 4 transmet un message fracassant à Garbo. Ses Canadiens ont reçu deux jours de rations de campagne, des ceintures de sauvetage, des sacs à vomir, et ont quitté le camp. On lui a ordonné de nettoyer le campement, en prévision de nouvelles arrivées, probablement. Ce qui ne peut signifier qu'une chose : le débarquement est en route.

Immédiatement, Garbo expédie un message triomphant à Madrid. En fait, il s'est passé la chose suivante : les Canadiens ont effectivement reçu tout l'équipement énuméré par numéro 4, ils ont réellement embarqué, mais pour participer à des grandes manœuvres – un exercice de débarquement dans le Devon. La dernière répétition générale avant l'invasion elle-même. Les manœuvres sont si importantes que, de toute façon, les Allemands ne peuvent pas les ignorer.

Après l'exercice, lorsque les Canadiens sont rentrés au camp, numéro 4, honteux et déçu, doit rapporter la mauvaise nouvelle à Garbo, et Garbo explose de rage, avertit Madrid qu'il faut se débarrasser immédiatement de cet imbécile!

Mais Kuhlenthal, évidemment au courant du déroulement de ces manœuvres d'exercice, lui conseille bien entendu la patience. Les informations de numéro 4 sont exactes! Il ne s'agit que d'une erreur d'interprétation! Louange soit faite au pauvre numéro 4... Kuhlenthal exige qu'on ne le condamne pas. Car, la prochaine fois qu'il verra passer des sacs à vomir, ce sera vraiment le signal de l'invasion.

Le général de l'Abwehr vient de réagir exactement comme les Anglais le voulaient. Il allait à nouveau en entendre parler, de ces sacs à vomir...

Au matin du 6 juin, dans un message qui aurait des conséquences importantes dans le déroulement de la guerre.

11

Le bataillon du ciel

Pour vaincre ou pour mourir

SAS. Le Special Air Service. Une unité de combat d'élite.

L'image qui vient à l'esprit de la plupart des néophytes, lorsque l'on prononce ces trois lettres, est probablement celle d'un commando de soldats britanniques, visage noirci, débarquant d'un canot pneumatique sur les côtes d'Argentine, pendant la guerre des Malouines. Ou encore sautant dans le désert pour repérer les missiles irakiens, pendant la guerre du Golfe.

Peu de gens pensent à associer des soldats français à ces unités, certainement les mieux entraînées et les plus motivées de ce genre dans le monde.

Pourtant, lorsque la première brigade complète de cette troupe légendaire a été constituée au cours de l'hiver 1944, la moitié de ses huit cents hommes, deux de ses quatre compagnies, étaient français.

Peu de gens le savent, probablement. Les quatre cents Français de cette remarquable compagnie ont joué un rôle extrêmement important et mal connu dans le débarquement de Normandie, et la libération de la France.

Leur histoire est extraordinaire.

Leur compagnie est l'une des toutes premières unités de combat de la France libre instaurées par le général de Gaulle, après son arrivée à Londres en juin 1940.

Il voulait créer une troupe de combat d'élite. Une troupe en uniforme, capable d'exécuter des missions militaires au nom de la France occupée. C'était sa manière à lui de rappeler aussi bien à l'occupant allemand qu'aux Alliés que l'armée française existait encore, que ses soldats étaient encore capables de lutter contre le régime nazi.

Le recrutement et l'entraînement de cette compagnie, appelée initialement « la 1re compagnie aéroportée de la France libre », sont confiés à l'un des officiers qui a rallié de Gaulle, le capitaine Georges Berger.

En mars 1941, la compagnie entre en action pour la première fois. Berger et quatre de ses hommes sont parachutés, en uniforme, près de Vannes en Bretagne. La Luftwaffe a installé là un groupe de pilotes d'élite, dont le rôle est essentiel dans le bombardement de l'Angleterre. Ils volent en tête des bombardiers, illuminent les objectifs à l'aide de fusées éclairantes, pour que les bombes ne puissent pas rater leurs cibles. Les pilotes sont cantonnés dans un hôtel de Vannes et amenés tous les soirs en autocar jusqu'à leur terrain, à Elven.

La mission de Berger est de prendre le car en embuscade et de tuer les pilotes. Mais, au moment où les Français sont parachutés, ces pilotes ont déménagé et se sont installés dans des baraquements sur la base aérienne d'Elven. La mission avorte. La suivante est de détruire une centrale électrique près de Bordeaux qui fournit du courant à un abri de sous-marin. Elle est menée à bien sans le moindre accroc. À tel point que le général de Gaulle décide que son petit groupe de soldats d'élite, constitué en unité, va prendre part, désormais, aux combats.

La compagnie est envoyée par avion au Moyen-Orient pour participer à la campagne contre le régime de Vichy, en Syrie et au Liban. Mais, avant le départ, un tiers de ses effectifs est affecté à deux organisations qui vont entreprendre des missions clandestines en France occupée : le SOE britannique (Special Operation Executive) et le BCRA gaulliste (Bureau central de renseignement et d'action).

À la fin de la campagne du Moyen-Orient, Berger recrute des remplaçants à Beyrouth et les emmène en Égypte pour leur faire subir le dur entraînement des parachutistes. Là, il rencontre le fameux colonel David Stirling, qui sera le père fondateur des SAS.

Stirling vient tout juste de former les précurseurs du SAS, « The Long Range Desert Penetration Group ». Son travail est de faire au sol ce que la RAF ne peut pas accomplir dans les airs : détruire la flotte aérienne de la Luftwaffe qui appuie l'Afrika Korps de Rommel.

Le premier raid effectué par Stirling a tellement bien réussi qu'on lui permet de doubler son effectif. Mais il a besoin d'hommes hyperentraînés, et motivés. Où les trouver ?

Berger et ses cent paras de la France libre lui paraissent parfaitement convenir. L'idéal, même. Mais il se heurte à un problème ! De Gaulle fait un éclat. Le Général pique une de ses rognes traditionnelles contre « l'Anglais ». Pas question. Jamais il ne laissera un Français servir à nouveau sous les ordres de supérieurs anglais.

Alors, Stirling prend son bâton de pèlerin, et s'en va voir le général à Beyrouth. Il explique son cas, de la manière la plus convaincante possible. Il y met toute sa persuasion.

De Gaulle l'écoute avec sympathie. Il a entendu parler de Stirling, et du bon travail qu'il a accompli. Quant à céder à sa demande... c'est hors de question, en ce qui le concerne.

Il raccompagne son visiteur déconfit jusqu'à la porte, et Stirling fait alors cette remarque :

– C'est bien la première fois de ma fichue existence d'Écossais têtu que j'abandonne une idée en cours de route.

De Gaulle s'arrête :

– Écossais ? Il fallait le dire ! Revenez !

Voilà comment, en mémoire de la vieille alliance de Marie Stuart, reine d'Écosse, et du tout jeune dauphin de France, le futur François II, Stirling obtiendra ses cent paras français!

Ils formeront l'escadron français de la toute première unité des SAS. Pour impressionner les Allemands, on la nommera Brigade SAS. En fait, cette brigade représente tout juste une compagnie de trois cents hommes, dont le tiers est français.

Le contingent français participe à une série d'attaques, couronnées de succès, contre les bases de la Luftwaffe, qui ont pour brillant résultat la destruction au sol d'une cinquantaine d'appareils allemands. Le capitaine Berger sera fait prisonnier en juin 1942, au cours de l'une de ces opérations en Crète.

Lorsque l'Afrika Korps de Rommel est enfin vaincu, la Brigade SAS est ramenée en Angleterre pour se préparer à l'invasion. Sa mission n'a plus rien à voir avec la destruction des avions allemands au sol. Elle est ainsi redéfinie : entraînement de nuit, pour combat de nuit.

Les membres du SAS combattront par petits groupes, sur des objectifs spéciaux, et seront entraînés comme des unités indépendantes.

Pour la première fois, le SAS se rapproche officiellement de la brigade qu'il prétend être. Il comprend maintenant huit cents hommes, dont quatre cents sont français, en hommage au courage et aux qualités des cent premiers combattants qui ont constitué l'escadron de la France libre.

Pour les escadrons anglais, comme pour les français, le recrutement est particulièrement sévère. Les élus sont triés sur le volet et leur entraînement, au fin fond de l'Écosse, est dur et efficace.

Parmi les premières recrues des rangs français émerge un jeune lieutenant de vingt-neuf ans, Pierre Marienne.

Né au Maroc, Marienne a été arrêté à Gibraltar par les autorités de Vichy alors qu'il tentait de fuir en Angleterre pour rejoindre de Gaulle.

Ramené à Casablanca pour y être jugé, Marienne défie ouvertement le tribunal devant lequel il comparaît. En guise de réponse à chacune des questions qu'on lui pose, il hurle systématiquement : « Vive de Gaulle ! »

Il dénie aux membres de ce tribunal, comme à ceux qui l'ont arrêté, une quelconque autorité, une quelconque légalité.

Il les considère en bloc comme des traîtres, et s'offre le culot de le manifester.

Furieux de son attitude, les juges décident de faire un exemple, et Marienne est condamné à la peine de mort.

Il est sauvé du peloton d'exécution par le débarquement allié en Afrique du Nord. À peine libre, il se rue en Angleterre, rejoint les troupes de De Gaulle, puis entre dans les rangs des SAS.

Au moment du débarquement, il y a cent cinquante mille soldats allemands en Bretagne. Il est vital pour les Alliés qu'ils y restent. Il faut les empêcher de se précipiter en renfort sur la Normandie.

C'est la mission du SAS.

Huit cents hommes seulement pour empêcher, ou du moins gêner, le mouvement de cent cinquante mille soldats allemands !

Pire, l'Intelligence Service britannique et le BCRA gaulliste savent que la résistance bretonne a été sévèrement décimée par la Gestapo en avril, et que les hommes du SAS seront parachutés à l'aveugle. Sans signalisation, sans aide, sans repère au sol.

Quatre groupes de saut, de neuf hommes chacun, seront largués les premiers. Leur boulot est d'ouvrir la voie au gros des troupes du SAS qui suivront, en marquant des aires de parachutage, proches l'une de l'autre, afin de constituer les deux bases opérationnelles des SAS : « Sam West », au nord de la péninsule, et « Dickson » dans le Morbihan.

Marienne et le lieutenant Henri Desplantes se portent volontaires pour guider les deux premiers groupes sur « Dickson ».

Desplantes est un ingénieur aéronautique, le futur designer du Mirage français. Les lieutenants Boutella et Deschamps se chargent de « Sam West ».

Vingt-quatre heures avant le parachutage, on remet à chaque homme des quatre groupes de saut une pochette de plastique dans laquelle il va ranger ses papiers personnels, ses lettres intimes, qu'il retrouvera plus tard s'il revient vivant de sa mission.

Marienne a un emblème personnel. Un drapeau français avec une croix de Lorraine brodée sur la bande blanche. Et, sous la croix, une devise : « Vaincre ou mourir ».

Marienne a rayé le mot « ou ». Il l'a remplacé par « et ».

Il hésite un instant à abandonner son drapeau dans le sac de plastique. Puis il y renonce, et l'emporte avec lui.

Le bombardier Sterling qui transporte son groupe de paras est le premier avion chargé de soldats alliés à décoller d'Angleterre, un peu avant minuit, le 5 juin 1944. Peu après, Marienne saute par l'ouverture de la carlingue.

Il est le premier des cent quatre-vingt-cinq mille soldats alliés qui vont monter à l'assaut de la forteresse « Europe » d'Hitler, le jour J. Ses paras sont pris sous le feu d'un peloton de soldats allemands. Mais Marienne entraîne les survivants sur le point de rassemblement à « Dickson ».

Et, là, il découvre que la résistance bretonne est tout sauf morte. Des centaines de combattants FFI, certains armés, d'autres pas, certains entraînés, d'autres pas du tout, vont se joindre à ceux qu'ils appelleront désormais le « Bataillon du ciel ».

En un rien de temps, il arrive tellement de volontaires à « Dickson » que Londres décide d'opérer un important parachutage d'armes. Et les SAS s'organisent tactiquement.

Au lieu de rester groupés en unité, ils se séparent

pour encadrer des équipes de FFI et se mettent à démolir des ponts, à faire sauter des tunnels de chemin de fer, à prendre en embuscade des véhicules allemands, bref, à créer une ambiance d'insécurité dans toute la Bretagne.

Finalement, les Allemands localisent la base de « Dickson » et déclenchent une attaque massive de blindés et d'artillerie.

Les défenseurs de « Dickson » tiennent jusqu'à la tombée de la nuit, puis s'éparpillent dans la campagne.

Le SAS continue de mener ses troupes de FFI à travers la péninsule, mais, au lieu d'opérer à partir de bases importantes comme « Dickson » ou « Sam West », ils s'organisent en petits groupes indépendants. Marienne mène la danse. Une sorte de fantôme volant, combattant sans relâche ici et là, ne dormant jamais au même endroit deux nuits de suite.

Mais, à Brest, la Gestapo a dans ses rangs un agent cruellement efficace, un ancien capitaine de la marine française, un certain Zeller. Zeller a reçu un ordre de ses chefs de la Gestapo : trouver Marienne, débusquer tous les officiers SAS et, une fois qu'il les aura entre les mains, les tuer.

Les agents de Zeller ne parviennent qu'à s'emparer d'un officier anglais du SAS blessé, le lieutenant Gray. Gray est emmené au quartier général de la Gestapo à Brest. On lui retire son uniforme et il est fusillé immédiatement.

L'un des complices de Zeller, un autre Français, à

peu près du même âge et de la même stature que Gray, endosse l'uniforme de l'Anglais. À la tête d'un groupe d'Allemands et de miliciens déguisés en combattants FFI, il part à la recherche de Marienne.

Une nuit, vers le milieu du mois de juillet, ils tombent sur un campement de FFI-SAS, non loin de Brest. Le Français qui a pris la place de Gray demande à la sentinelle FFI s'il peut parler à Marienne.

Le FFI lui montre un bâtiment au bord de la route : « Il dort dans la grange, là-bas. » En remerciement pour cette information, on lui tranche la gorge.

Le « Français gestapiste », dans son uniforme de SAS, avance avec ses troupes vers la grange. Il réveille en sursaut Marienne et deux de ses hommes. Puis demande : « Pierre Marienne ? »

Mal réveillé, Marienne se fait connaître d'un mouvement de la tête.

Ce sera son dernier geste. Il est sommairement exécuté à l'endroit où il dormait avec ses hommes.

La tête de Marienne retombe sur son havresac, qui contient son fanion tricolore, orné de sa devise « Vaincre et mourir ».

Ironie cruelle, Pierre Marienne, le premier soldat allié, le premier Français à débarquer en France pour se battre et libérer sa patrie, est tué par un « compatriote » au service de ce nazisme qu'il était venu combattre.

Triste symbole de la France occupée. Marienne est mort pour la France. Assassiné par un Français.

12

Bulletin météo

Mardi 29 mai 1944. Midi. Un message codé crépite en provenance du quartier général des troupes d'Eisenhower à Southwick House, un grand immeuble perché sur la crête des collines qui dominent Portsmouth

Le message dit : « ALCYON PLUS QUATRE. »

Inspirés du nom de l'oiseau légendaire qui calmait les vents de tempête, ces trois mots indiquent aux chefs des armées alliées à Londres, à la Maison-Blanche, au Pentagone à Washington, aux commandants des forces aériennes, navales et terrestres qui se préparent à envahir l'Europe, que le jour J est désormais fixé pour la semaine suivante : au lundi 5 juin.

Le plan, les préparatifs, les répétitions sont terminés. Ce qu'il était possible de prévoir a été prévu. L'énorme machine de la plus grande opération militaire de l'histoire de la guerre est en marche. Tout ne dépend plus maintenant que des impondérables et, en particulier, du plus grand de tous : le temps.

Eisenhower se croyait tranquille lorsqu'il a décidé d'envoyer ce message. Les jours précédents, le temps était parfait – beau soleil, cieux sans nuages, vent léger effleurant les vagues de la Manche. Pourquoi changerait-il ? À cause d'une petite dépression qu'un C 47 d'observation météo, survolant Terre-Neuve, a repérée à l'extrême pointe du Canada. À peu près au moment où Eisenhower lançait son message.

Le temps au large des côtes nord-américaines était en train de changer. Et les tendances météorologiques qui affectent l'Europe progressent généralement d'ouest en est, au-dessus de l'océan Atlantique.

Le temps constituant un élément extrêmement important pour le débarquement, Eisenhower a fait installer un bureau spécial de la météorologie près de ses salles d'opérations militaires. Il est dirigé par le *group captain* John Stagg, chef météo de la RAF, assisté du colonel D.N. Yates de l'armée de l'air des États-Unis. Tous deux sont en liaison avec un groupe d'experts, appartenant au Service météorologique britannique, au bureau de la Météorologie nationale des États-Unis, à l'Amirauté britannique et à la RAF. Pour les aider dans leur travail, des renseignements fournis par une flottille de bateaux d'observation, en mer, des stations terrestres, et aussi des avions comme ce C 47 qui a repéré le changement de temps au large de la côte est de l'Amérique du Nord. Ces appareils sillonnent l'Atlantique en passant par le Groenland, l'Islande, les îles Shetland et, plus au sud, les Açores et les îles Canaries.

À midi, le jeudi 1er juin, juste au moment où les navires ancrés dans les lochs d'Écosse remontent leurs amarres, la situation se dégrade.

Ce qui n'était que source de préoccupation, soixante-douze heures plus tôt, se transforme en une véritable menace.

Stagg est contraint d'avertir le commandant suprême des armées alliées que les prévisions de la météo, pour les trois jours critiques des 4, 5 et 6 juin, sont maintenant terriblement incertaines.

Le lendemain, vendredi 2 juin, Stagg doit faire son premier rapport de prévision devant Ike et ses commandants. En étudiant ses cartes ce matin-là, le météorologue de la RAF s'est rendu compte que, de toute évidence, le temps avait vilainement tourné au cours de la nuit.

Longtemps après la guerre, il a raconté que l'océan Atlantique, ce matin-là, était tout à coup devenu le théâtre d'une interminable série de dépressions. Ce qui arrivait de l'Atlantique Nord n'était plus du simple mauvais temps. C'était maintenant une énorme tempête.

En cet après-midi du 2 juin, Stagg doit pourtant établir pour Eisenhower et son état-major des prévisions sur cinq jours. Le destin de la plus grande opération de la Deuxième Guerre mondiale est en jeu, et une demi-douzaine de météorologues ne parviennent pas à se mettre d'accord sur la prévision dont dépend la victoire ou la défaite.

Stagg ne prend pas de risques. Il avertit Eisenhower que la situation est maintenant « potentiellement très dangereuse ». La tempête peut évoluer le 5 juin, en amenant un front de nuages bas et des vents de force 4 ou 5. Eisenhower décide d'attendre vingt-quatre heures, jusqu'à la soirée du samedi 3, pour reporter ou non le débarquement de vingt-quatre heures.

Ce samedi-là, les hommes et les véhicules qui mèneront l'assaut sur les plages de Normandie montent déjà à bord des bâtiments qui les conduiront en baie de Seine. Peu après le coucher du soleil, ils se formeront en convois et prendront la mer.

À Southwick House, au moment où Stagg, soucieux, arrive à la conférence de 21 heures, un officier naval britannique remarque : « Tiens, voilà une dépression d'un mètre quatre-vingts ! »

La déprime, on peut dire que Stagg la connaît ce soir-là. La situation a empiré. Il sait maintenant que la mer est démontée par des vents de force 5 dans la Manche. La couverture nuageuse est si basse que les parachutages sont exclus et le soutien des forces aériennes, pendant les vagues d'assaut, problématique.

En guettant une petite lueur d'espoir dans l'œil du météorologue, Eisenhower demande :

– Y a-t-il une chance pour que vos prévisions soient un peu plus optimistes demain ?

Mais Stagg répond :

– Non. Impossible.

Alors, à 4 h 15 du matin, le samedi 4 juin Eisenhower est contraint de passer le message : « Ripcord plus 24. » Le code qui va retarder le débarquement de vingt-quatre heures.

Maintenir sous pression, pendant vingt-quatre heures, toutes les forces de débarquement est une tâche épouvantablement difficile. Plus de cinq mille navires, à peu près deux millions d'hommes, civils et militaires, sont impliqués d'une manière ou d'une autre dans la gigantesque entreprise. Les voilà maintenant stoppés en plein élan, figés sur place. Les navires transporteurs, bourrés d'hommes de troupe, malades, anéantis par le mal de mer, sont obligés de faire demi-tour ou de tourner en rond, en espérant que la reconnaissance aérienne allemande ne les repère pas. Les sous-marins miniatures, chargés d'ouvrir le passage vers les plages de débarquement, restent bloqués vingt-quatre heures de plus en plongée. Tout ce qui était en marche est suspendu, dans l'attente incertaine d'une rapide amélioration du temps.

L'aube confirme la dernière estimation du malheureux météorologue d'Eisenhower. La tempête s'est amplifiée, encore plus gravement qu'il ne l'avait prévu. L'historien d'Eisenhower a décrit des « vents presque de la force d'un ouragan », rugissant sur la Manche.

Il ne reste plus aucun espoir de débarquer le lundi 5 juin. Une question se pose maintenant à Stagg et à son équipe d'experts météorologues : cette tempête va-t-elle continuer et augmenter encore pour le 6 juin ? Sans compter que, maintenant, le report ne se calcule plus en vingt-quatre heures : il faudra attendre quinze jours. Le 20 juin est la prochaine date stratégique où il serait possible de tenter à nouveau un débarquement.

En étudiant ses cartes et ses rapports émis par toutes les stations météo dans la nuit, Stagg remarque une nouvelle évolution potentiellement dramatique. L'une des dépressions sur l'Atlantique s'est intensifiée et renforcée durant la nuit sur Terre-Neuve. Mais elle a, de ce fait, ralenti sa progression sur l'océan Atlantique. Une courte éclaircie peut donc se produire entre la tempête qui sévit encore sur la Manche et l'arrivée de la prochaine dépression.

En admettant que cette éclaircie dure assez longtemps, que le temps se calme pendant ce court intermède, les troupes auront-elles le temps de débarquer ?

Si la réponse à toutes ces questions est oui, il y a de bonnes raisons d'espérer que les Allemands ne s'apercevront pas que le temps va changer. Ils ne disposent pas d'un réseau de stations météo comparable à celui des Alliés. Ils ne verront que la tempête qui fait rage et en concluront qu'un débarquement est impossible dans de telles conditions. Cette toute petite pause météo pourrait bien donner à l'attaque alliée un avantage auquel personne n'osait croire : l'effet de surprise.

Tandis que ses experts météo travaillent comme des fous sur leurs prévisions, Eisenhower attend dans l'angoisse. Il aurait pu prendre une chambre sur place, à la résidence de Southwick House, mais il a préféré rester dans ce qu'il appelle son « Circus Wagon », une caravane de camping.

Tard dans l'après-midi, il fait une promenade dans les bois de la propriété en compagnie de Merril « Red » Mueller, un correspondant de la radio américaine NBC. Le journaliste n'ose pas rompre le silence tendu dans lequel s'est retranché le chef suprême des forces armées alliées, habituellement si chaleureux et amical. Mueller pense à ce moment-là : « Eisenhower croule sous les soucis. On dirait que les étoiles de ses épaulettes pèsent une tonne chacune. »

Finalement, à 21 h 30, la réunion décisive se tient dans la bibliothèque de Southwick House, une grande pièce lambrissée d'étagères en chêne massif.

La table de conférence, au centre de la pièce, est recouverte d'un tapis vert. Les commandants en chef du débarquement sont rassemblés autour d'elle, silencieux, préoccupés, inquiets. Tout le monde est en uniforme, sauf Montgomery qui porte, comme d'habitude, un pantalon de velours côtelé et un pull à col roulé.

Ike arrive à 21 h 30 exactement. Le célèbre sourire est remarquablement absent de son visage, ce soir-là.

À peine a-t-il pris un siège que le group captain Stagg et ses deux officiers supérieurs sont introduits dans la pièce. Stagg déclare : « Messieurs, la situation vient de changer rapidement et de manière inattendue. »

À l'extérieur, la tempête s'obstine à secouer les fenêtres de rafales de pluie et de vent qui arrachent leurs premières feuilles de printemps aux branches des arbres de la propriété.

Et pourtant, Stagg annonce à l'assemblée : « Messieurs, le ciel est en train de bégayer, cela devrait nous offrir un répit à peu près potable. Ce n'est pas le beau temps, il s'en faut de beaucoup, mais les vents, les nuages, la mer seront presque au minimum des conditions requises pour le débarquement. La couverture nuageuse sera assez haute pour permettre à l'Air Force et aux canons de l'aéronavale de bombarder les plages avec précision. Le plafond, au-dessus des zones de parachutage, présentera des trouées. Il laissera passer un peu de clair de lune. Est-ce que ce sera suffisant pour que les pilotes de DC3 repèrent leurs zones de largage ? Difficile à dire. La mer sera haute, mais pas assez cependant pour rendre le débarquement impossible. »

Voilà. Rien de mieux à offrir à ces hommes. Des conditions presque acceptables pour leur débarquement, et pour une durée de vingt-quatre heures seulement.

Eisenhower demande alors :

– Vos prévisions peuvent-elles être fausses ?

Et Stagg de répondre :

– Évidemment.

Le chef d'état-major d'Eisenhower, le général Walter Bedell Smith, pense qu'il faut foncer. Difficile de faire désembarquer des soldats dont des milliers connaissent déjà leurs objectifs pour le jour J. Comment garder le secret pendant encore deux semaines ?

Les troupes aéroportées prendront des risques, mais, si l'on attend le 19 juin, la seule date possible en fonction de la marée, elles sauteront peut-être sans clair de lune du tout !

Les commandants en chef des forces aériennes, sir Arthur Tedder et sir Strafford Leigh Mallory, expriment tous deux leurs réticences sur le plafond et ces trouées aléatoires.

Ike se tourne alors vers Montgomery qui répond :

– Allons-y !

La décision repose maintenant sur les épaules d'Eisenhower et de lui seul. Il est assis, immobile, les mains jointes sur la table devant lui, concentré. « Dans l'isolement et la solitude », dira Bedell Smith.

Les minutes passent, tandis qu'il évalue les chances. Puis il relève la tête, le visage tendu d'inquiétude.

– La question est de savoir pendant combien de temps nous pourrions tenir l'opération en suspens. Je suis certain maintenant que nous devons donner l'ordre d'y aller. Je n'aime pas ça, mais c'est comme ça.

Six heures plus tard, à 4 h 15 du matin, le 5 juin, les hommes se réunissent de nouveau pour entériner la résolution d'Eisenhower. Cette fois, il n'y a plus de discussion. Le général Eisenhower confirme officiellement l'une des plus monumentales décisions de ce siècle.

En se fiant aux fragiles prévisions d'un météorologue, il donne l'ordre ultime et irrévocable qui lance l'invasion en Europe de l'Ouest. Quelques minutes plus tard, les sept mots de l'ordre codé : « Alcyon plus cinq, définitivement confirmé », crépitent aux oreilles des soldats, des marins et des aviateurs qui doivent l'exécuter.

Dès cet instant, il n'est plus question de revenir en arrière. Sur tous les postes d'amarrage, les quais et les docks, au large et dans les ports, dans les baies et les criques, de la mer d'Irlande à la côte galloise, de la baie de Bristol à l'estuaire de la Tamise, la flotte des navires de débarquement se met en mouvement. Cinq mille bateaux, un million d'hommes à leur bord, équipages compris, la plus grande armada jamais rassemblée se lance sur la mer.

La roue de la chance est en train de tourner; le sens qu'elle va prendre ne dépend plus de la seule volonté humaine. Eisenhower rentre seul dans sa caravane. Il a glissé dans la poche de poitrine de sa veste d'uniforme un petit morceau de papier.

Rien ne dit mieux la terrible solitude d'un grand capitaine à l'heure de la décision que les simples mots écrits sur ce papier. C'est le communiqué que Ike devra remettre à la presse mondiale si l'invasion échoue.

« Les troupes, l'aviation et la marine ont fait preuve de toute leur bravoure, et de leur sens du devoir. S'il est une faute à laquelle imputer cet échec, elle ne revient qu'à moi seul. »

13

Il était une fois
un Français, un Anglais et un Américain...

Pour Charles de Gaulle, les événements se précipitent avec l'imminence du débarquement en Normandie, et l'espoir de la libération de la France.

Ce moment devrait être le plus exaltant, le point culminant de la longue et difficile croisade pour la liberté de sa patrie à laquelle il s'est consacré depuis quatre ans.

Ce n'est pas le cas. Il ne lui apporte, en fait, que les heures les plus pénibles, peut-être les plus amères de sa vie.

Moins de trente-six heures avant que les premiers parachutistes alliés ne sautent dans le ciel de France, le chef de la France libre n'a toujours pas été informé que l'invasion était sur le point de commencer ; et, encore moins, à quel endroit elle allait être déclenchée.

On se pose même la question de savoir s'il faut faire venir de Gaulle de son quartier général, à Alger, pour qu'il soit présent à Londres, lors du débarquement.

Churchill insiste auprès d'un Roosevelt hésitant. Il

faut le faire venir, et le mettre au courant, avant le déclenchement de l'opération. Agir autrement serait une insulte insupportable pour de Gaulle et pour la France entière.

Une fois Roosevelt d'accord, Churchill, dans un geste de bonne volonté, envoie son avion personnel à Alger pour ramener de Gaulle en Angleterre. Cette bonne volonté ne dure que le temps de l'apéritif.

De Gaulle a à peine le temps de se doucher et de se raser, dans sa chambre de l'hôtel Connaught, qu'on l'escorte à un déjeuner avec Churchill. Ensuite, il prendra avec lui un train privé qui doit les emmener au quartier général d'Eisenhower, à Southwick House, dans la banlieue de Portsmouth.

C'est un déjeuner de très haut niveau. Organisé pour de Gaulle, il comprend la présence du général Pierre Kœnig, commandant en chef des Forces françaises libres. Y assistent, aux côtés de Churchill, le maréchal Jan Christian Smuts, d'Afrique du Sud, Anthony Eden et le leader du parti travailliste, Ernest Bevin.

Le Premier ministre britannique est d'une humeur massacrante. Le temps menace de faire avorter tout le plan prévu, et il n'est pas en état de supporter les réclamations et les plaintes habituelles de De Gaulle.

De Gaulle est dans le même état d'esprit. Quelques semaines plus tôt, les Anglais ont interdit aux Français de Londres de communiquer avec Alger autrement qu'en code ouvert. De peur que quelqu'un ne laisse échapper un mot sur les plans de débarquement. Attitude parfaitement justifiée, ainsi qu'il le sera démontré par la suite. L'examen des archives de l'Abwehr a prouvé, en effet, que le quartier général de De Gaulle à Alger était réellement infiltré par les Allemands.

Il n'empêche que de Gaulle a pris cette précaution comme une injure personnelle, une nouvelle manifestation de la méfiance profonde des Anglo-Saxons envers les Français libres.

Il a donné ordre au général Kœnig de supprimer les postes de tous les officiers français chargés de sa liaison personnelle avec les armées alliées.

C'est une décision consternante. Même les proches conseillers de De Gaulle l'ont trouvée déplacée.

Le chef du parti travailliste, Ernest Bevin, explose Un tel geste est un signe d'hostilité ouverte envers les Alliés.

De Gaulle l'éconduit d'un regard hautain, et réitère immédiatement sa demande : qu'on lui permette de communiquer avec Alger au moven de son code personnel.

Sur ce, Churchill va carrément au cœur du sujet. Roosevelt a besoin de voir de Gaulle d'urgence à Washington, pour une consultation sur la formation du gouvernement d'après-guerre en France.

De Gaulle préférerait dîner avec le diable plutôt que de se rendre à Washington. D'ailleurs, il a un coup d'avance sur les Américains.

Avant son départ d'Alger, à l'aube, son Assemblée consultative a voté le changement de nom de son mouvement : le Comité national français pour la Libération est devenu le Gouvernement provisoire de la République française.

Il déclare à Churchill que la France a déjà son gouvernement. À quoi bon en discuter à Washington ? Et d'ailleurs, pour lui, en tant que Français, il est totalement inacceptable de discuter des affaires de politique intérieure avec un chef d'État étranger, aussi ami de la France soit-il !

Puisque les Alliés ont reconnu les gouvernements en exil de Grèce, de Pologne et de Yougoslavie, qu'ils reconnaissent à présent son gouvernement...

En réalité, de Gaulle est convaincu que Roosevelt conspire contre lui, et qu'il cherche le moyen d'installer en France quelqu'un d'autre à la tête du gouvernement d'après-guerre.

Ses soupçons sont entièrement justifiés. Roosevelt a déjà donné des instructions à Alan Dulles, chef de l'OSS (Office of Strategic Services), l'ancêtre de la CIA, qui se trouve en Suisse. Il lui a demandé de prendre très vite des contacts avec Édouard Herriot et d'essayer de persuader le leader radical d'avant-guerre de devenir le cheval de Troie des Américains, pour empêcher de Gaulle d'obtenir un mandat de chef d'État après la guerre.

L'antipathie de Churchill pour de Gaulle est uniquement personnelle. Les réclamations et les plaintes constantes du Général, son comportement hautain exaspèrent littéralement l'Anglais. Mais, politiquement, ils sont très proches.

Tous les deux entrevoient la possibilité pour le communisme de s'installer dans les démocraties de l'Europe libérée, et tous les deux se préparent à cette éventualité.

Pas Roosevelt. Entouré d'amis et de conseillers d'esprit libéral, il a tendance à minimiser la menace communiste. Comme les chefs français de l'opposition, il est enclin à voir en de Gaulle une sorte d'autocrate militaire, ou encore un républicain « à croire sur parole ».

Pour de Gaulle, l'enjeu de ces discussions est énorme. Après tout, il s'agit en définitive de la souveraineté et de l'indépendance de la France d'après-guerre. Sans parler de son propre destin. Pour rien au monde il ne permettrait aux Alliés d'installer, en même temps qu'ils font avancer leurs armées, leur détestable AMGOT... « Gouvernement militaire des Alliés en territoire occupé ». Ce serait réduire la France, l'alliée de la première heure, au rang de nation occupée et conquise. Jamais!

Il vient juste d'apprendre que les Américains ont imprimé des dollars libellés en francs français, et appelés « Liberation Currency ».

Une monnaie de la Libération? Jamais!

Il dit à Churchill qu'il s'agit de contrefaçons, et que ni lui ni son peuple ne les accepteront. Pas plus qu'ils n'accepteront un AMGOT.

Et au cas où Churchill l'ignorerait, il a déjà soigneusement établi ses plans pour remplacer la structure du gouvernement de Vichy par des hommes à lui, dès la Libération. Les Alliés peuvent oublier leurs contrefaçons de dollars! Et il n'a aucune intention de négocier sous ce qu'il considère une pression intolérable!

C'est au tour de Churchill de répondre. Et Churchill de répéter à de Gaulle l'avertissement qu'il lui a déjà donné deux ans plus tôt... Qu'il n'essaie pas de le forcer à choisir entre de Gaulle ou Roosevelt; car son choix irait inévitablement vers Roosevelt...

De Gaulle élude d'un geste dédaigneux de la main : « Bien sûr... Bien sûr... »

Son rendez-vous avec Eisenhower se passe mieux. Les deux hommes éprouvent instinctivement du respect l'un pour l'autre. Pour l'Américain, de Gaulle représente un chef d'État en action, ce que les membres du gouvernement américain n'acceptent pas. De Gaulle tient en grande estime les qualités de soldat et de diplomate d'Eisenhower.

Ike interrompt une réunion avec son chef météo pour briefer de Gaulle sur le déclenchement des opérations. Le souci principal de l'Américain est de préserver l'ordre et la loi en arrière de ses lignes à mesure que ses troupes traverseront la France en direction de la Ruhr. Il pense que de Gaulle peut les lui garantir. De toute façon, il est bien plus enclin à lui laisser la direction des affaires intérieures que ne l'est Washington.

Quand il a terminé son briefing, il lui explique le problème du mauvais temps, et lui demande son avis. Cette requête plaît à de Gaulle. Il réfléchit un moment, puis dit à Ike : « Allez-y, les risques liés à un ajournement sont pires que ceux que présente le mauvais temps. »

Leur rendez-vous s'achève sur une note moins mélodieuse.

Eisenhower remet à de Gaulle deux textes. Le premier est la déclaration qu'Eisenhower devra faire, en sa qualité de commandant suprême des forces alliées, le matin du jour J, pour annoncer l'invasion aux peuples de l'Europe occupée.

Le second, préparé par son état-major, est le texte d'un discours que les Alliés désirent diffuser en France le matin de l'invasion, par la voix de De Gaulle.

Il accepte les textes, mais d'assez mauvaise grâce. Personne, et encore moins un Anglo-Saxon, n'écrit de discours pour Charles de Gaulle !

Le lendemain, il soulève un certain nombre d'objections sur le texte d'Eisenhower. Le commandant suprême ne fait nulle part référence à une autorité française, à son gouvernement provisoire ni à ses représentants en France.

Pourtant, bien que de Gaulle l'ignore, Eisenhower a délibérément contourné les instructions de Roosevelt. Ce dernier voulait qu'il apparaisse clairement dans son discours que de Gaulle n'avait aucun statut officiel.

Quoi qu'il en soit, Ike informe de Gaulle qu'il est trop tard pour modifier son texte.

De Gaulle, cette fois, n'élève aucune objection. Mais pour le sien, de discours, c'est une autre histoire...

Il jette le texte des Alliés, et écrit le sien.

L'ordre dans lequel les discours doivent être diffusés est le suivant : le roi de Norvège, la reine de Hollande, la grande-duchesse de Luxembourg, le Premier ministre de Belgique, Eisenhower, et... de Gaulle.

Comme on pouvait s'y attendre, de Gaulle est furieux ! La France, derrière une roupie de sansonnet telle que le duché de Luxembourg ? un timbre-poste ? Jamais.

Il parlera seul, dans l'après-midi du jour J, et il dira à ses compatriotes exactement ce qu'il veut qu'ils entendent : les ordres donnés par son gouvernement français, et par les chefs français que ce gouvernement a nommés, seront légalement respectés.

Au diable l'AMGOT et ses candidats !

L'ultime réplique de De Gaulle à ses alliés anglo-saxons viendra huit jours après le débarquement. Le 14 juin 1944, dans la jolie ville normande de Bayeux. Une sous-préfecture, la première cité administrative à être libérée.

Ce matin-là, de Gaulle revoit la terre de France pour la première fois depuis 1940. Il se rend droit à la sous-préfecture, où il est accueilli par M. Rochat, sous-préfet de Vichy.

De Gaulle l'interroge sur les problèmes d'approvisionnement de la ville, puis lui ordonne d'enlever le portrait du maréchal Pétain et de le remplacer par le drapeau français.

Lorsqu'il l'a fait, de Gaulle démet Rochat de ses fonctions, et le remplace par son propre commissaire régional, François Coulet.

Bien sûr, il s'agit là de gestes administratifs importants, d'actes éminemment symboliques. Mais ce qui arrive quelques minutes plus tard, lorsque de Gaulle apparaît au balcon de la sous-préfecture, est bien plus important. La population entière, ou presque, s'est rassemblée dans la rue avoisinante.

Pendant cinq bonnes minutes, la foule ivre de joie applaudit son chef de la France libre. Et plus tard, dans l'après-midi, la même scène se répétera à Isigny et à Grandcamp.

C'est cela sa réplique. C'est cela que ses compatriotes lui ont donné, dans les rues de Bayeux, d'Isigny et de Grandcamp, quelque chose que ni Churchill ni Roosevelt ne pouvaient nier.

C'est le mandat du peuple français. Son ultime consécration, de Gaulle allait la recevoir deux mois plus tard dans les rues de Paris.

Mais, depuis ce matin de Bayeux et cette foule en délire, il était clair, évident, que Charles de Gaulle était devenu le chef de la France libérée.

Que cela plaise ou non à ses alliés anglo-saxons.

14

Des escarpins dans la tempête

Des pétales de rose parsèment la terrasse comme autant de confettis de couleurs, oubliés un lendemain de réveillon.

Des monceaux de brindilles encombrent le dallage. Plus bas, dans l'allée qui descend en pente douce vers le jardin du château, une demi-douzaine de branches arrachées aux tilleuls de la propriété montre la gravité de la tempête qui sévit sur la Manche et a balayé La Roche-Guyon jusqu'à l'aube.

Devant la porte-fenêtre de son bureau qui donne sur la terrasse, le maréchal Erwin Rommel contemple le spectacle avec une évidente satisfaction. Les rafales de vent se succèdent, fouettant les branches qui se balancent devant sa fenêtre. À nouveau, les nuages noirs se tassent à l'horizon, lourds et menaçants. Il n'y aura eu qu'une courte trêve dans l'ouragan qui a soufflé sur l'Atlantique durant toute la nuit.

Peu d'activité aérienne dans le ciel de France aujourd'hui. Les avions alliés ne sont guère sortis. Il est presque 6 heures du matin, ce lundi 5 juin 1944.

Rommel retourne s'asseoir à son bureau, un meuble austère de style Renaissance sur lequel, jadis, le ministre de la Guerre de Louis XIV signa la révocation de l'édit de Nantes. Ce bureau est à lui maintenant et, comme d'habitude, parfaitement en ordre; rien ne traîne, mis à part la copie de son rapport matinal.

Ce document, extraordinairement bref en ce matin de tempête, collationne les renseignements militaires recueillis sur un secteur de plus de mille deux cents kilomètres. Ce territoire, qui s'étend des digues de Hollande aux falaises rocheuses de l'ouest de la Bretagne, est sous le contrôle de Rommel, commandant en chef du groupe d'armées B – les meilleures divisions d'Hitler en ce printemps 1944.

Rommel prend son téléphone de campagne. Sous le portrait du duc François de La Rochefoucauld, auteur des fameuses *Maximes* et ancêtre du véritable propriétaire du château, il appelle son officier responsable de la météo, le major Ernst Winckler. Le quartier général de Winckler est établi dans une résidence réquisitionnée du bord de mer, la villa Les Sapioles, à Wimereux, sur la Manche, exactement à la sortie de Boulogne.

Winckler confirme à Rommel que le temps va s'aggraver. Depuis sa fenêtre, il voit des rouleaux de un mètre et demi se ruer sur la plage, poussés par un vent de force 6. Le débarquement qui devrait amener des troupes alliées saines et sauves jusqu'à la côte n'est pas près de se faire...

L'observation visuelle de Winckler confirme le rapport matinal que Rommel a reçu du chef météo de la Luftwaffe, à Paris, le colonel Walter Strobe. Strobe a prévu que, durant les prochaines quarante-huit heures, les côtes françaises de la Manche seraient couvertes de nuages, balayées par le vent et la pluie; et le plafond, selon son estimation, entre trois cents et six cents mètres. Trop bas pour des parachutages. Il est clair que les Alliés ne vont pas débarquer sur le continent par un temps pareil.

Le mois de mai a été superbe, ciel bleu, temps chaud, peu de vent, un temps idéal pour une invasion par la mer. Et pourtant, les Alliés ne sont pas venus.

Cette apparente faiblesse est en train de convaincre le commandement allemand de l'Ouest que leurs préparatifs ne sont pas encore terminés. Sans doute ont-ils décidé de lancer le débarquement, en coordination avec les Russes, au cours d'une offensive d'été, dans les dix derniers jours de juin, après le dégel, toujours tardif dans la campagne polonaise.

Rommel a donc plusieurs raisons d'être satisfait des rapports de la météo qu'il a reçus en ce matin de juin 44.

Au-dehors, devant l'entrée principale du château, l'attend sa voiture, une Horch décapotable noire. Son aide de camp, le capitaine Helmut Lang, a déjà posé sur le siège arrière un panier de pique-nique avec des sandwiches, une gourde de consommé et une autre de thé. Depuis des semaines, Rommel et Lang ont pris l'habitude de commencer ainsi leurs journées, peu après l'aube, dans cette voiture, en partant inspecter chaque poste avancé des immenses fortifications qui hérissent la partie de côte atlantique placée sous le commandement du maréchal.

Ce matin-là, Rommel monte dans sa voiture, comme d'habitude, mais avec d'autres intentions. Le maréchal rentre chez lui. Il part pour sa résidence de Herrlingen, une ville de la province d'Ulm.

Une légende a couru, ces cinquante dernières années, sur la raison pour laquelle Rommel voulait rentrer chez lui ce jour-là : il allait fêter l'anniversaire de sa femme, Marie-Lucie, qui tombait le mardi 6 juin.

Cette version des faits ne reflète pas exactement leur réalité. Il est vrai que Rommel a prévu de passer la journée du 6 juin avec sa femme. Mais ce plaisir familial n'explique que très partiellement la nécessité de ce voyage. Il s'agit, en fait, de se rendre au rendez-vous pris pour le jour suivant (7 juin) au Berghof avec Adolf Hitler ; il s'agit surtout de la requête qu'il veut présenter d'urgence au Führer lors de ce rendez-vous.

Il veut lui demander de lui attribuer immédiatement deux divisions blindées supplémentaires. La 2e SS, stationnée à Toulouse, et la 9e *Panzer* à Avignon. Dans le Midi, où elles sont basées, ni l'une ni l'autre ne seront guère utiles en cas de débarquement. Il est grand temps de les ramener sur des positions qui leur permettent d'entrer en action dès les premières heures d'une attaque alliée.

Rommel sait précisément où il veut les installer. Il les veut en Normandie. Il les veut au sud et à l'ouest de Caen. C'est là qu'elles pourront intervenir efficacement dans les premières vingt-quatre heures du débarquement, au pied de la péninsule du Cotentin. Sur les plages mêmes où, effectivement, débarqueront bientôt les Alliés.

Il est d'ailleurs certain d'obtenir le consentement d'Hitler sur le transfert de ces divisions. Après tout, il est son maréchal favori. Son préféré. Et plus important encore, depuis le 1er mai, la Normandie est le sujet de préoccupation d'Hitler et, par conséquent, de Rommel.

Le 1er mai, le quartier général du Führer a téléphoné au château de La Roche-Guyon, en l'absence de Rommel. Hitler voulait savoir si les forces alors groupées en Normandie étaient suffisantes pour repousser une invasion dans ce secteur. Le chef d'état-major de Rommel, le général Hans Speidel, a pris le message. Mais le lendemain, sans attendre le rapport de Speidel, Hitler avait déjà donné l'ordre à la 91e division aéroportée de la Luftwaffe et à plusieurs bataillons de troupes et de blindés antichars de se porter en renfort sur la Normandie.

Moins d'une semaine plus tard, un télégramme urgent du quartier général d'Hitler informe Rommel que l'invasion est attendue : « Milieu du mois de mai... Point de concentration de l'attaque : en premier objectif, la Normandie. »

Rommel n'est pas convaincu. Dans la soirée du 15 mai, il use de son privilège de maréchal et se sert de la ligne directe qui le relie au quartier général d'Hitler. Il demande au général Alfred Jodl pourquoi le Führer est fixé à ce point sur la Normandie. Le Führer, selon Jodl, dispose d'une « certaine information » selon laquelle la Normandie et le port de Cherbourg seraient le premier objectif du débarquement allié. D'où vient cette certaine information ? Est-ce une manifestation de la célèbre intuition d'Hitler ? S'agit-il d'un rapport précis communiqué par un agent de l'Abwehr, quelque part dans le monde ?

Rien dans les archives allemandes ne pourra l'expliquer plus tard. Aucun des proches d'Hitler ne donnera non plus d'explication au cours des interrogatoires d'après-guerre. Mais le fait est que, bizarrement, pour une raison quelconque, Hitler s'est mis dans la tête que l'attaque des Alliés aurait lieu vers le milieu du mois de mai 44 en Normandie.

Cette préoccupation du Führer a obligé Rommel à faire une nouvelle inspection du Cotentin. Le mercredi 17 mai, accompagné de son conseiller naval, l'amiral Frédérick Ruge, il scrute la bande de sable déserte qui deviendra bientôt Utah Beach.

Ruge le dira plus tard : pendant un long moment, il regarde l'énorme masse de flots gris comme s'il cherchait à imaginer la flotte des envahisseurs surgissant brusquement. Puis il demande à Ruge :

– Alors... C'est là que vous les voyez débarquer ?

Ruge lui répond qu'en sa qualité de marin il sait que ces eaux sont protégées par le Cotentin des vents dominants de la Manche.

Mais l'avis d'un marin ne suffit pas, apparemment, à convaincre un soldat. Finalement, Rommel dit :

– Non... Ils viendront là où la traversée est la plus courte, là où leurs avions seront le plus proches de leurs bases.

Quoi qu'il en soit, son inspection terminée, Rommel a une décision stratégique à prendre. La décision qui motive son départ pour Herrlingen et Berchtesgaden, ce matin de tempête. Il faut obtenir d'Hitler deux divisions blindées supplémentaires, à leur réunion de mercredi, et il les aura, il en est certain. Le 20 juin, elles seront en place, derrière ces plages houleuses qui seront bientôt célèbres sous les noms de Sword, Gold, Juno, Omaha et Utah. Elles seront là, ses deux *Panzer*, réservoirs remplis à ras bord, canons bourrés de munitions, moteurs grondants, équipages prêts. Et une fois qu'elles seront en place, aucun débarquement allié, Rommel en est sûr, ne pourra prendre pied sur ces plages normandes. Il n'a besoin que de deux semaines. Deux semaines, et il aura rendu imprenable le dernier bout du Mur de l'Atlantique.

Pour l'instant, il donne ses ordres du jour – un message au quartier général de la Luftwaffe, à Paris, demandant d'intensifier la surveillance aérienne sur les ports de la Manche, et sur les deux rives de la Tamise, dès que le temps le permettra. Il suggère aussi à son chef d'état-major, le général Hans Speidel, vu le mauvais temps, de mettre ses troupes en réserve.

Il ajoute que les hommes ont besoin d'un peu de repos, après un mois entier d'alertes incessantes. Puis, un dernier coup d'œil à ces nuages de tempête, si sombres et si rassurants, et il se dirige vers sa voiture.

Un jour pourtant, Rommel avait dit à ses soldats : « N'attendez pas l'ennemi de jour, par temps clair et lorsque le soleil brille. Il viendra de nuit, dans la pluie et la tempête. »

Il avait raison. C'est exactement ce qui allait se passer.

L'ennemi allait venir en pleine tempête. Et il avait raison aussi de penser que deux divisions blindées supplémentaires, là où il voulait les placer, feraient échouer le débarquement allié. Mais, grâce à la décision courageuse prise quelques heures plus tôt par un fils de fermier du Kansas, les dieux de la guerre n'allaient pas accorder au Renard du désert les deux semaines nécessaires pour que ses deux divisions soient au rendez-vous.

Rommel s'installe maintenant sur le siège arrière

de sa Horch noire, à côté de son aide de camp, le capitaine Lang. A l'avant, près du chauffeur, Daniel, son officier de liaison.

Le maréchal ordonne à Daniel ·

– *Mach Schnell!*

La voiture démarre, et file dans l'allée de tilleuls du château.

Pendant ce temps-là, de l'autre côté de la Manche, en mer du Nord et en mer d'Irlande, les navires de la grande armada se mettent en route pour rejoindre leur point de rassemblement. Prêts à lâcher leurs troupes d'invasion sur ces plages où Rommel s'est juré de les anéantir.

En s'installant dans sa Horch, il pose soigneusement une boîte rectangulaire à côté de lui. Un cadeau que le maréchal a acheté à Paris, quelques jours plus tôt, pour l'anniversaire de sa femme.

Une paire d'escarpins superbes, en lézard gris, dont ses ennemis diront plus tard : « Ils ont coûté une fortune à l'Allemagne. »

15

Les sanglots longs des violons

C'est le rituel du soir. Un rituel aussi important pour un membre de la Résistance que la récitation de son bréviaire pour un curé de campagne. Chaque soir, pendant ce printemps 1944, époque terrible de l'attente, à Paris, Rennes ou Calais, Lille, Lyon ou Rouen, les hommes et les femmes de la Résistance se collent devant leur poste de radio à l'écoute des messages défendus de la BBC. Oreille tendue, ils guettent avidement les messages personnels qui font suite aux nouvelles. Dans l'attente d'une phrase, *la* phrase qui va les envoyer combattre en pleine nuit, mourir peut-être, pour aider le débarquement allié à libérer leur pays.

Quelle aura autour de ces messages ! Quel souvenir pour ceux à qui ils étaient adressés – cette voix monocorde, désincarnée, venant du bout des ondes !

L'idée d'utiliser ce genre de message comme moyen d'alerter les réseaux de la Résistance et de les mettre en action remonte à 1942. Bien avant que l'on songe sérieusement à établir un plan de débarquement.

Elle est simple, cette idée. On attribue à chaque réseau de la Résistance deux phrases codées. Une phrase d'alerte et une phrase d'action. Si la première de ces deux phrases, la phrase d'alerte, est transmise le 1er ou le 15 du mois, le réseau doit se mettre à l'écoute, dans l'attente de la deuxième phrase. Celle qui déclenche l'action. Si elle ne leur parvient pas dans les quinze jours, l'alerte est levée. Mais si elle est diffusée, cela signifie qu'une attaque sera déclenchée dans les quarante-huit heures et que le réseau doit procéder immédiatement à toutes les actions et missions de sabotage qui lui ont été assignées.

L'une de ces phrases d'alerte-action est tirée d'un poème de Paul Verlaine :

Les sanglots longs
des violons
de l'automne
blessent mon cœur
d'une langueur
monotone...

Elle est entrée maintenant dans la légende du débarquement de Normandie. Et pour un certain nombre de fausses raisons.

Voici, pour la première fois peut-être, dans ses moindres détails, ce qui se cache derrière les deux vers du poète ; pourquoi et comment ils ont été diffusés par les Alliés, puis interceptés par les Allemands. Et la suite...

Les deux vers de Verlaine ont été diffusés vers la France occupée non en 1944, mais, pour la première fois, en 1943. Et ils n'avaient absolument rien à voir avec le débarquement de Normandie.

Ils avaient été attribués à un réseau de Résistance dirigé par trois agents français et dépendant du SOE, le British Special Operation Executive. Il y avait François Garel, Marcel Fox et Marcel Rousset.

On ne songeait pas encore, en 1943, à envahir l'Europe. Pourquoi donner à ces trois hommes un message d'alerte et un message d'action ?

Leur réseau, appelé « Butler », était relié à une autre organisation du SOE, plus importante et basée à Paris, le réseau « Prosper ».

Or, le réseau « Prosper » avait été infiltré par les services de la Gestapo de l'avenue Foch. Nombre de ses agents étaient déjà surveillés par les Allemands, au printemps 1943.

Le MI6 à Londres, service secret de renseignements britannique, savait que l'organisation « Prosper » était infiltrée. Mais le MI6 n'avait pas communiqué cette information au chef de la section française du SOE. Dans l'ignorance, le SOE n'avait aucune raison d'avertir ses agents exerçant sur le territoire français des dangers d'arrestation qu'ils couraient.

Pourquoi ne les avait-on pas avertis ?

À cause du plan d'intoxication des Alliés de l'été 43, surnommé « Starkey ». Celui qui était destiné à faire croire aux Allemands que le débarquement aurait lieu en septembre 43, pour les obliger à maintenir en France un maximum de leurs divisions, pendant tout l'été, et soulager ainsi la terrible pression d'Hitler sur le front russe.

Une chose est certaine, dès que le MI6 apprend que le réseau « Prosper » est infiltré, il choisit, cyniquement, d'utiliser ses agents pour atteindre les objectifs du plan « Starkey », plutôt que de leur donner l'information qui les aurait sauvés de l'arrestation allemande.

Le chef de « Prosper », Francis Suthill, est appelé à Londres et reçu en secret par Churchill lui-même. Selon ce qu'il rapporte à ses compagnons de résistance à Paris, le Premier ministre lui aurait confié que le débarquement aurait lieu à l'automne.

Bientôt, on chuchote à travers tout le réseau que le débarquement est prévu pour l'automne et que l'organisation aura un rôle essentiel à y jouer. Alors se produit l'inévitable, la Gestapo se met à pratiquer des arrestations en série durant tout l'été.

Garel, Fox et Rousset sont capturés à Paris, le 7 septembre 1943, dans un lieu qu'ils croyaient sûr, mais qui avait été révélé aux Allemands par l'un des agents pris dans la vague d'arrestations du groupe Prosper et de ses réseaux associés.

Bien évidemment, les officiers de la Gestapo s'intéressent tout particulièrement et cruellement à l'opérateur radio Rousset. Elle veut l'obliger à transmettre un faux message à Londres.

Rousset leur raconte qu'il communique avec Londres selon la méthode suivante : le texte est en anglais pour Garel, et en français pour Fox. En réalité, c'est le contraire qui est vrai.

Il accepte donc d'obéir à la Gestapo, persuadé que s'il inverse la procédure habituelle, Londres se rendra compte qu'il est entre les mains des Allemands. Le message est pour Garel. Le texte réclame de l'argent. Mais il est en anglais.

Rousset attend, persuadé que personne ne va répondre. Or il se passe une chose, ou incroyablement stupide ou d'un cynisme total : Londres répond en lui demandant pourquoi il a inversé le *modus operandi* !

Trahi, Rousset est obligé de donner d'autres informations à la Gestapo, telles que le code d'alerte tiré du poème de Verlaine. Ce que Fox et Garel vont confirmer, dans des interrogatoires séparés.

Les sanglots longs des violons... entrent en scène.

L'information est envoyée pour analyse au colonel Oscar Reille, chef de la section III de l'Abwehr, installée à l'hôtel Lutétia à Paris. Reille comprend l'importance de ce message clé, et sa signification lui est parfaitement claire.

Le 14 octobre 1943, donc, il fait circuler les deux phrases du poème (circulaire ABW 4508/43), assorties d'une explication circonstanciée sur leur ordre de diffusion dans le temps et leur signification.

Ce que Reille ne sait pas, c'est que les deux phrases en question *ont déjà été diffusées par la BBC* presque immédiatement après l'arrestation de Fox, Garel et Rousset. Londres avait intérêt à profiter de cette situation pour intoxiquer les Allemands avec leur plan « Starkey ».

Un vieil officier allemand n'est pas du tout impressionné par le prétendu scoop secret de Reille. Le maréchal Gerd von Rundstedt, commandant en chef du front de l'Ouest, et habitué du Coq hardi... Il fait simplement remarquer que, le mois d'octobre étant commencé, il n'y a aucune chance pour que les Alliés tentent un débarquement en plein hiver. Au plus tôt, ce serait fin avril. Les Alliés seraient-ils assez bêtes pour envoyer leurs messages d'alerte-action sur le terrain, six ou sept mois avant un débarquement ? En courant le risque que les hommes et les femmes qui auront réceptionné ces messages soient capturés entre-temps et parlent sous la torture ?

Bien sûr que non, affirme le vieux maréchal, en ajoutant une phrase qui passera dans l'histoire : « Les Alliés ne vont tout de même pas annoncer le débarquement à la BBC ! »

Bien entendu, dès février 1944, un énorme travail de recensement est entrepris à Londres. Il s'agit de remplacer systématiquement tous les anciens messages personnels par des nouveaux. Un travail de compilation affreusement compliqué Chaque fois que c'est possible, un chef de réseau choisit lui-même sa combinaison de phrases. Après tout, c'est lui qui devra se la rappeler le jour du débarquement.

Dans les bureaux du SOE de Londres, une ravissante jeune femme, rousse et canadienne, est chargée de garder la trace de chaque combinaison de messages susceptible d'être adressée aux résistants sur le terrain. Elle doit enregistrer soigneusement que tel réseau a choisi telle et telle phrase. Il faut éviter les doublons et faire en sorte que les phrases classées hors circuit depuis 1943 ne soient désormais attribuées à personne.

Au mois de mars 1944, Philippe de Vomecourt, chef du réseau du SOE dans le Loir-et-Cher, « Ventriloque », se trouve à Londres. Avant de retourner sur le terrain, on lui demande de choisir son message personnel. Il prend les deux premières phrases de l'un de ses poèmes favoris, la « Chanson d'automne », de Verlaine.

La jeune Canadienne, rousse et ravissante, supposée vérifier et comparer tous les messages de code alerte-action, ne se rend pas compte que le couplet a déjà été utilisé en 1943 et, a fortiori, qu'il est suspect. Cet oubli n'est, semble-t-il, qu'une simple erreur administrative. Quoi qu'il en soit, *les violons, etc.*, de Philippe de Vomecourt sont enregistrés par erreur en 1944 dans le répertoire des messages du SOE.

En outre, au moment des préparatifs du débarquement, sachant que les Allemands écoutent attentivement le flot de messages personnels de la BBC, les Alliés s'en servent pour déverser de fausses alertes dans les oreilles de l'ennemi. En un jour, par exemple, trois cent cinquante messages sont diffusés. Les troupes allemands sont mises en alerte. Trois jours plus tard, aucun message complémentaire. Les troupes allemandes sont mises hors d'alerte. Et ainsi de suite.

Von Rundstedt considère tout cela comme une technique de guerre psychologique, ce qui est le cas, une tactique pour user les nerfs des Allemands, et les fatiguer par de fausses alertes. Il ordonne à son état-major : « Laisser tomber. »

Reille, en revanche, est certain que *les sanglots longs des violons* de ce M. Verlaine vont lui révéler le secret du plan d'invasion. Autrement dit le jour J. Effectivement, le 1er juin 1944, le sergent de transmission Walter Reichling, de la 15e armée, dans son bunker de béton armé, à Tourcoing, entend la première partie du message. Á trois reprises.

Reille entre alors dans un état d'excitation avancé. Il ordonne au poste de Tourcoing de se mettre particulièrement à l'écoute dans les jours qui suivent.

A 21 h 15, dans la nuit du lundi 5 juin 1944, Londres diffuse le deuxième vers du poème, à l'intention bien entendu de Philippe de Vomecourt et de son réseau « Ventriloque ».

Blessent mon cœur
d'une langueur
monotone...

Reille travaille à son bureau de l'hôtel Lutétia, lorsqu'un sergent zélé fait irruption dans son service, porteur de la nouvelle.

Reille se précipite dans une voiture et, précédé d'une escorte de motards, fonce au quartier général de von Rundstedt à Saint-Germain-en-Laye. En traversant les rues désertes de Paris, il est convaincu de l'importance du renseignement qu'il apporte. Il tient entre ses mains, pense-t-il, « la dernière chance de l'Allemagne ».

Il n'a pas tout à fait tort. Il a, c'est vrai, entre les mains le secret de la date du débarquement, neuf heures et demie avant que les premières vagues d'assaut ne déboulent sur la côte et moins de quatre heures avant que les premiers parachutistes ne se jettent dans la nuit.

Mais... l'officier de renseignement de von Rundstedt, le colonel Wilhelm Meyer Detring, étant en permission à Berlin, Reille confie sa précieuse information secrète à son assistant, le major Brink.

Brink promet, bien sûr, de transmettre le message à l'officier responsable du bureau des opérations de von Rundstedt, le major général Bodo Zimmermann, immédiatement et sur-le-champ.

Reille rentre à l'hôtel Lutétia, en exultant. Il demande à M. Charles, le sommelier de l'hôtel, de lui apporter la meilleure bouteille de champagne qui reste dans ses caves. Il veut fêter son triomphe. Il a réussi ! Il a percé le secret de l'invasion. Il a sauvé l'Allemagne du désastre qui allait l'anéantir!

Il n'a rien fait de tout cela.

A Saint-Germain-en-Laye, Bodo Zimmermann n'a pas encore montré l'information de Reille à von Rundstedt...

Cela peut attendre le lendemain matin.

Zimmermann n'a qu'à regarder dehors, écouter la pluie et le vent pour s'en persuader. Cette information n'est encore qu'une ruse psychologique des Alliés, un stratagème. Une fausse alerte.

Pour une fois, se dit-il, laissons les hommes dormir tranquilles...

Il recommande au quartier général de Rommel de ne pas se mettre en alerte. Pourtant, l'une des deux armées de Rommel, la 15e, stationnée dans le Pas-de-Calais, l'est déjà. Son commandant, le général Hans von Salmuth, a été averti que la seconde partie du message avait été captée à Tourcoing. Il était alors en pleine partie de bridge avec ses officiers et il a maugréé : « Je suis un trop vieux cheval pour m'exciter là-dessus. » Mais il a tout de même demandé un renfort et mis ses troupes en alerte. Avant de retourner à son bridge.

C'est le seul résultat du grand triomphe que Reille veut fêter au champagne.

La mauvaise armée vient d'être mise en alerte dans le Pas-de-Calais. En revanche, celle qui est directement concernée par le débarquement va continuer à dormir tranquille toute la nuit.

Donc, le message d'alerte annonçant le débarquement des Alliés, que les Allemands ont pourtant découvert par eux-mêmes, demeure sans effet. Les violons ne leur servent à rien, et les sanglots non plus.

Mais qu'est-il advenu de l'autre message ? Celui que les Alliés eux-mêmes ont décidé de faire passer aux Allemands ?

N'oublions pas que Garbo, le super agent double espagnol, a été autorisé par le général Eisenhower à informer les services de l'Abwehr à Madrid du débarquement. Il enverra son rapport à 3 heures du matin. C'est-à-dire trois heures et demie avant la première vague d'assaut, mais trop tard pour que les Allemands aient le temps de se préparer. Message codé et redécodé, aller retour Madrid-Berlin, etc. Berlin n'aura pas le temps de réagir...

Ce rapport, pourtant, doit faire de Garbo, aux yeux des Allemands, l'espion du siècle ! C'est important pour la suite.

En compagnie d'un officier de l'état-major d'Eisenhower, Garbo est en train de festoyer ce soir-là avec son supérieur, Harris. Ils fêtent leur succès d'avance, devant une bonne bouteille de château-ausone 1934. Le rapport à transmettre n'est qu'une simple répétition de celui qu'ils ont déjà envoyé à Madrid, au mois de mai, au moment des grandes manœuvres.

Numéro 4, l'un des agents bidon issu de l'imagination fertile de Harris, s'est encore distingué. L'information vient de lui. Comme il « travaille » toujours à la cantine de la 3e division d'infanterie canadienne (unité qui doit débarquer à Juno Beach), il a pu donner l'ultime renseignement à Garbo : « Les Canadiens ont reçu à nouveau leurs rations de campagne, leurs gilets de sauvetage et leurs sacs à vomir... Ils ont levé le camp. Mais, cette fois, une division américaine les a immédiatement remplacés. Il n'y a plus aucun doute, l'invasion est en marche. »

L'opérateur radio de Garbo appelle Madrid exactement à 3 heures du matin et transmet à son correspondant allemand cette précieuse bribe d'information.

Madrid ne répond pas. Pendant près de deux heures, le correspondant de l'Abwehr à Madrid, pourtant si vigilant d'habitude, reste muet.

Les Alliés commencent à désespérer de réussir à laisser tomber le grand secret dans ses oreilles. L'imbécile est probablement en train d'applaudir les danseuses de flamenco dans un cabaret de Madrid.

Finalement, à 5 heures du matin, le supérieur de Garbo obtient la permission du quartier général d'Eisenhower d'ajouter une formidable information à son rapport.

Un vrai rêve d'espion, le texte de ce message!

Mais est-ce suffisant pour faire de Garbo l'agent infaillible que l'on veut qu'il soit aux yeux des Allemands ?

Et les Allemands seront-ils prêts, grâce à ce message, à lui faire suffisamment confiance pour avaler l'énorme mensonge qu'il va leur envoyer d'ici quarante-huit heures ?

16

La nuit des criquets

L'invasion tant attendue ne commence pas dans un tonnerre d'artillerie navale ou un fracas d'explosions de bombes. Elle commence dans un silence rompu par les gémissements du vent et le fracas des vagues.

Le 5 juin, à minuit passé, pas un seul navire de patrouille allemand ne rôde dans les eaux de la Manche. Toute activité navale a été suspendue par l'amiral Theodore Kranke, le commandant de l'Amirauté allemande pour le front de l'Ouest. Il a estimé que la mer était trop forte pour craindre un débarquement.

Les quelques appareils de la Luftwaffe, chargés des missions de reconnaissance aérienne, sont cloués au sol en raison du mauvais temps.

Rommel, l'homme qui s'est juré de vaincre les Alliés sur les plages, dort profondément, chez lui, dans sa maison de Herrlingen. Le général Fritz Bayerlein commandant la *Panzer* Lehr, division d'élite, sommeille dans les bras de sa maîtresse à Paris.

En fait, tant d'officiers supérieurs allemands sont absents de leurs postes cette nuit-là que le quartier général d'Hitler ordonnera une enquête. Pourtant, le Führer lui-même ne s'est pas montré particulièrement inquiet, lui non plus. Il a écouté de la musique classique au Berghof, en compagnie de sa maîtresse, Eva Braun, avant de prendre son somnifère habituel et de se retirer un peu avant 2 heures du matin.

De l'autre côté de la Manche, les commandants alliés sont dans l'angoisse.

Sir Alan Brooke, commandant en chef de l'armée impériale, écrit dans son journal, cette nuit-là : « Prions Dieu que ça se termine sans dégâts... »

Sir Hastings Ismay, chef d'état-major de Winston Churchill, a noté : « Ce soir, nous sommes au pire moment de la guerre. »

Churchill passe la nuit dans son poste de commandement souterrain de Londres, à boire du brandy et à ruminer sur les soixantes-douze heures à venir.

Le colonel John Bevan, responsable du plan « Fortitude », le stratagème destiné à tromper les Allemands sur la stratégie réelle des Alliés, arpente les rues de Londres en fumant cigarette sur cigarette, rongé d'inquiétude, se posant pour la énième fois la question de savoir si sa ruse a une chance de marcher.

Le général Dwight Eisenhower, l'homme sur les épaules duquel repose toute l'opération, assiste à l'embarquement des parachutistes des 82e et 101e divisions aéroportées des États-Unis. Il regarde avec inquiétude les hommes monter à bord de leur DC3, visages noircis, cheveux rasés comme des Apaches. Ce sont eux, il le sait, qui risquent de payer le plus cher sa décision de lancer l'invasion.

Quelques minutes après minuit, les premiers des neuf mille deux cents appareils alliés qui, ce jour-là, vont envahir le ciel, deux bombardiers Stirling de la RAF, quittent l'espace aérien britannique et mettent le cap sur la Manche en direction de Cherbourg. Chaque appareil va parachuter d'abord deux équipes de trois hommes, poursuivre son vol à l'intérieur des terres et larguer sa véritable cargaison : les premiers soldats alliés à atterrir en nombre sur la terre de France. Mais qui ne sont pas du tout destinés au combat. Les « Ruebens », ce sont deux cents leurres de caoutchouc qui vont se balancer au bout de leurs parachutes, bourrés de feux d'artifice, et exploser à l'air libre comme un vrai tir d'artillerie. Une ruse pour attirer les défenses allemandes loin des zones de parachutage des véritables troupes aéroportées qui sauteront quatre-vingt-dix minutes plus tard.

Le temps pour les Allemands de réaliser qu'ils ont affaire à des leurres, et les Halifax de la RAF viendront en rase-mottes au-dessus de la Bretagne lâcher les premiers groupes du 4e SAS, des parachutistes français. Eux vont s'enfoncer dans le bocage pour encadrer la Résistance bretonne dans le combat qui se prépare.

Le premier *stick* de parachutistes qui atterrit près de Vannes est cueilli par une rafale d'armes automatiques qui décime ses rangs. Le caporal Bouetard arrive au sol, mort. Hasard tragique, un soldat français est la première victime de la bataille de France.

À l'instant où il tombe, partout en France, mais plus particulièrement dans la zone d'invasion, des hommes et des femmes de la Résistance attaquent le plan « Violet ». Le sabotage des télécommunications allemandes commence. On coupe les lignes des poteaux téléphoniques, on creuse pour déterrer et mettre hors service les câbles souterrains, on détruit les postes de relais, on sabote les centraux téléphoniques.

À 0 h 15, les premiers éclaireurs des trois divisions aéroportées lâchées sur la Normandie sautent de leurs avions dans la nuit française. Tous vétérans des combats de débarquement, tous volontaires. Les Américains ont été entraînés par le général de brigade James Gavin, « Jumping Jim », qui leur a dit en les accueillant dans son groupe : « Les gars, vous n'aurez qu'un seul ami, Dieu. »

Ils ont ordre d'éviter l'affrontement avec les Allemands sur toute la zone côtière. Un seul objectif, gagner les aires de parachutage, effectuer le marquage au sol aussi vite que possible, installer les signaux fluorescents, mettre en place l'éclairage spécial et les faisceaux hertziens qui doivent guider les convois aériens, en route vers leur destination. Ils ont environ une heure pour faire leur travail.

Encore faut-il que les éclaireurs soient parachutés exactement au bon endroit. Peu d'entre eux y parviennent. Un tiers seulement atteint son objectif. Les autres se retrouvent à des kilomètres, en terrain inconnu, et privés de repères au sol susceptibles de les conduire à leur but. Ils n'ont que leurs boussoles et leur instinct pour les guider.

Dans leur grande majorité, les éclaireurs anglais réussissent à atterrir avec plus de précision. Succès dû probablement à la grande expérience et à la virtuosité des pilotes de la RAF chargés de les larguer. Leur objectif est de s'emparer des deux ponts qui enjambent parallèlement le canal de Caen et l'Orne, entre les villages de Ranville et Bénouville.

Il faut prendre et tenir ces deux ponts stratégiques pour empêcher les Allemands de se porter sur le flanc du débarquement à Sword Beach. Et les prendre intacts, car les Alliés en auront besoin ensuite pour agrandir leur tête de pont.

Y parvenir est une question de stratégie alliant vitesse d'exécution, audace et effet de surprise : les Britanniques doivent se lancer à l'assaut des défenses allemandes en faisant atterrir six planeurs, très exactement au pied des ponts eux-mêmes. Cent cinquante hommes participent à l'attaque, commandés par le major John Howard.

Lâchés par leurs deux bombardiers pilotes à mille cinq cents mètres, et à neuf kilomètres en mer, les pilotes de planeurs manient le manche en virtuose, virevoltent dans les airs, et réalisent une approche et un atterrissage parfaits.

Le premier signe qui fait comprendre aux Allemands qu'ils viennent d'être attaqués vient des craquements et des grincements des planeurs, labourant le sol et pilant juste en avant de leurs positions. Paralysés par cette attaque alliée aussi téméraire qu'imprévisible, les Allemands sont mis hors de combat en moins de quinze minutes.

C'est la première victoire importante du jour J

L'assaut des troupes aéroportées, une heure après le parachutage des éclaireurs, est beaucoup moins victorieux.

Les détails du débarquement de Normandie sont entrés dans les livres d'histoire, auréolés de superlatifs tels que « l'immense ceci », « le formidable cela », etc., termes qui conviennent, évidemment. Car, en dépit des difficultés de l'opération, c'est bien la plus grande invasion aéroportée de tous les temps.

Dix-huit mille hommes répartis en trois divisions, la 82e et la 101e américaines et la 6e britannique, plus trois énormes bombardiers pilotes et leurs planeurs se sont élancés dans le ciel de Normandie.

Mais le mauvais temps, la faible visibilité, les tirs antiaériens, l'arrivée de tant d'éclaireurs si loin des zones de parachutage qu'ils devaient marquer et préparer au sol, ont fait qu'en certains cas les Alliés ont frôlé la catastrophe.

En ce qui concerne les divisions américaines, une partie de leurs difficultés est liée au manque d'expérience des pilotes de DC3 dans la tactique du combat en vol. Certains paniquent en affrontant les tirs antiaériens, perdent leurs cargaisons ou s'égarent en essayant d'échapper au feu. Il faut contraindre certains pilotes à survoler leurs zones de parachutage sous la menace d'un revolver.

La 101e division aéroportée américaine est lâchée sur une zone de plus de six cents kilomètres carrés. En l'espace d'une heure, elle perd deux mille hommes et soixante pour cent de son équipement.

Les pièges meurtriers de Rommel font un véritable massacre. Des hommes surchargés de sacs, d'armes et de munitions tombent dans la boue et la vase de ces terrains inondés. Ils coulent avant d'avoir pu se débarrasser de leur harnais de parachute.

La 82e division a, si l'on peut dire, encore moins de réussite. Un seul de ses appareils parvient à larguer ses troupes exactement sur la zone prévue.

À Sainte-Mère-Église, un incendie terrible, probablement déclenché par un éclat de bombe incendiaire, illumine le ciel noir, servant de balise inattendue à l'approche des DC3. Une cinquantaine de paras de la 82e division arrive au sol, en pleine ville, pour certains au beau milieu de l'incendie.

Un homme, John Steele, est retrouvé suspendu au clocher de l'église, où il reste deux heures avant que les Allemands ne le décrochent et ne le fassent prisonnier.

Tout au long de cette nuit normande, les champs et les haies se sont renvoyés l'écho d'un bruit étrange, comme le chant répétitif d'une armée de criquets. C'était le cliquetis métallique d'une sorte de jouet d'enfant, le « clic-clac ».

Chaque Américain en avait reçu un, en Angleterre, à utiliser comme instrument d'identification. À un clic devaient répondre deux clic-clac en signal de reconnaissance.

Peu à peu, les hommes se rassemblaient par petits groupes, et avançaient sur leurs objectifs. Le plus important était de protéger les champs sur lesquels les équipages de planeurs allaient parachuter en renfort, et deux heures après l'arrivée des troupes, du matériel, des hommes et des pièces d'artillerie légère.

Les planeurs de la 101e division, contrairement aux troupes parachutistes, réussirent remarquablement. Seule une poignée d'hommes se perdit. Grâce à l'équipement arraché aux épaves des planeurs, les soldats purent rallier leurs zones d'atterrissage et participer à l'assaut des objectifs de leur division.

Rommel avait transformé la partie de terre située derrière Utah Beach en un lac de vingt kilomètres carrés, faisant de la plage une île déserte entre mer et eau. Cinq digues traversaient ce terrain inondé, construites à l'aide de tourbe par les soldats allemands. La 101e division devait s'en emparer durant la nuit. En cas d'échec, les troupes débarquant à Utah Beach seraient bloquées sur la plage, incapables de progresser vers l'intérieur.

Les planeurs de la 82e division ont moins bien réussi leur atterrissage. La moitié seulement des appareils s'est retrouvée sur l'objectif. Le lieutenant-colonel Ed Krause, du 505e régiment, a quand même pu guider ses hommes sur leur premier objectif, le carrefour de Sainte-Mère-Église.

Là, passé le choc des premiers parachutages dramatiques, les Allemands sont largement repoussés ; la ville est libérée à 4 h 30 du matin.

Krause pénètre dans l'hôtel de ville et sort un drapeau américain de son havresac. Ce drapeau a déjà flotté sur Naples, après la prise de la ville par son régiment, en 1943. Krause le hisse fièrement, vers le ciel de l'aube qui se lève sur la première commune libérée de France.

Sur le flanc est, les Britanniques ont plus de succès, bien que leurs unités du 6e aéroporté aient été sauvagement blessées dans la campagne. Une fois encore, les champs piégés de Rommel se sont révélés mortels, cette nuit-là.

Des jeunes gens par douzaines ont vainement tenté de s'extirper des tourbières et des marais de cet immense terrain vague, submergé par le débordement de la Dives.

Le cri de ralliement de ces parachutistes anglais

n'a rien à voir avec le chant du criquet, c'est celui de la corne de chasse qui rassemble les cavaliers à la poursuite du renard.

La 6e division disposait de cinq heures et demie pour se reformer et pour assurer le flanc est, en aidant à la prise des deux ponts sur l'Orne et en détruisant les cinq autres, moins importants, qui enjambent la Dives.

Une unité, celle du lieutenant-colonel Terence Otway, du 9e bataillon, avait reçu l'objectif le plus difficile de la nuit. Neutraliser les canons d'artillerie de défense côtière des Allemands, à Merville. Une batterie de quatre canons, dont les Alliés pensaient qu'elle allait massacrer les troupes de débarquement à Sword Beach si elle n'était pas mise hors combat.

La position était fortement défendue – champs de mines, rouleaux de barbelés, champs de mines à nouveau, postes de mitrailleuses et, finalement, la batterie d'artillerie elle-même, défendue par deux cents hommes.

Initialement, il était prévu de faire atterrir deux planeurs directement au sommet de la batterie, comme les hommes de Howard l'avaient fait pour prendre les deux ponts.

Ce n'était plus possible, car Otway avait perdu son équipement radio pendant le parachutage. Or il en avait besoin pour signaler aux planeurs le moment où il serait prêt à l'attaque. Otway devait donc mener ses hommes à l'assaut sans aucune aide.

Le génie allait se charger de faire un passage entre les mines. Les « Bangalore torpedoes * » devaient ouvrir une brèche dans les enroulements de barbelés, les hommes d'Otway faisant le reste.

Seuls vingt-deux soldats allemands survécurent à leur assaut. Otway, lui, avait perdu soixante-dix hommes. Mais les canons étaient pris, et Otway pouvait s'offrir une salve victorieuse, pour prévenir la flotte que la batterie côtière était hors de combat.

Avec l'assaut des rangers américains, sur les collines de la pointe du Hoc, c'était le fait d'armes le plus important du jour J. C'était aussi le plus inutile.

Les canons de 75 qui constituaient cette batterie n'avaient pas assez de rayon d'action pour atteindre Sword Beach.

---

* « Torpilles du Bengale » : longs tubes creux qui permettent aux soldats de pousser une charge explosive et de la placer loin devant eux.

17

Croquis de guerre

Ou une star des Panzer Division *vue au ralenti*

En cinquante ans, le temps a effacé pour certains, magnifié pour d'autres, la contribution des résistants au succès du débarquement de Normandie

Quelle fut son importance exacte ?

Pour répondre à cette question, nul n'est mieux placé que le commandant en chef des opérations de débarquement, le général Dwight Eisenhower lui-même. Il a déclaré après la guerre : « Ces gens ont été formidables. Le sabotage des transports allemands par chemin de fer, en particulier, a fait basculer le sort de la bataille en notre faveur. »

Quant à Omar Bradley, commandant des forces terrestres américaines, il a déclaré à un correspondant de guerre après la Libération : « La Résistance française, ça valait bien mieux qu'un certain nombre de divisions. D'abord on avait besoin d'eux et, quand on avait besoin d'eux, ils étaient là. »

Il est impossible de décrire ici, en détail, tout ce que les Résistants ont accompli pour aider les troupes alliées.

Il faudrait des volumes entiers.

Ils ont fait des merveilles en Normandie, pour ne parler que du secteur du débarquement lui-même. Dans la nuit du 5 au 6 juin, ils ont arraché les lignes de téléphone, saboté les câbles souterrains, tant et si bien que, dans les premières heures, les communications entre unités allemandes et, en particulier, de bataillon à régiment et de régiment à division étaient complètement perturbées, fragmentées. Un casse-tête pour les oreilles des nazis.

Ces actions sont certainement responsables, du moins en partie, de la manière indécise, voire anarchique, dont les Allemands, au début, ont réagi à l'attaque.

Mais il faut savoir que l'essentiel du travail de la Résistance s'est fait loin des plages de Normandie, ou bien avant que les Alliés ne débarquent.

Deux exemples, parmi des milliers d'autres actes de courage et de dévouement, symbolisent son efficacité.

Lorsque l'immense armada, avec ses croiseurs et ses navires de guerre, a déclenché le bombardement naval sur la côte normande, comment savait-on où se trouvaient les objectifs, et où ils étaient cachés ?

Les Allemands se gardaient bien de signaler leurs positions par un contre-feu de batteries. Ils préféraient garder leurs obus pour les péniches de débarquement, chargées à craquer de soldats.

Les Alliés avaient évidemment repéré toutes les plages, et à plusieurs reprises, par photographie aérienne. Mais, compte tenu de l'art avec lequel les Allemands savaient camoufler leurs positions, la photographie aérienne avait ses limites.

L'artillerie navale des alliés n'aurait même pas touché une cible sans un certain résistant, un professeur du lycée de Caen, un artiste en tout. Un dessinateur de grand talent.

Il se nommait Maurice Dounin, cet artiste du crayon et de la bicyclette...

Pendant des mois, en effet, Dounin, juché sur son vélo, se balade tranquillement sur les plages normandes, de Ouistreham à Vierville. L'air d'un peintre à vélo.

De temps en temps, il s'arrête pour noter ce qu'il voit, mesure les distances, fait discrètement des relevés au compas. Souvent, il crayonne quelques esquisses sur son carnet à dessins pour se rappeler le moindre détail visuel.

Une fois rentré chez lui, il reconstitue longuement, patiemment, chacun des éléments qu'il a si minutieusement observés.

Personne ne lui a demandé de faire ça. Il le fait de sa propre initiative, en se disant que peut-être... si jamais... les Alliés décidaient de débarquer en Normandie... ses informations pourraient servir.

Tout y est, lorsqu'il a terminé ses petits dessins : les champs de mines, les obstacles antichars sur les plages, les croquis de chaque piège inventé par

Rommel, les piquets ornés de mines, à fleur d'eau, l'emplacement des batteries allemandes, les plans de leurs défenses...

Du vrai travail d'artiste

Dounin a dessiné tout cela à échelle réduite sur une toile de soixante centimètres de large et d'environ un mètre cinquante de long.

Son œuvre achevée, il la fait parvenir par un courrier à Jean Sainteny, représentant à Caen de l'un des plus importants réseaux de résistance, opérant en France; un réseau dépendant du MI6, connu sous le nom d'« Alliance », par les Britanniques, et d'« Arche de Noé », par la Gestapo, car ses membres utilisent des noms d'animaux pour dissimuler leur identité.

Sainteny, dit « Dragon », se rend compte, immédiatement, de l'énorme importance de ce qu'il a entre les mains.

Il s'arrange pour le faire parvenir à Londres, à bord d'un monomoteur Lysander, en mars 1944. Pour les stratèges de l'invasion, les cartes de Dounin sont un véritable cadeau, inespéré.

Dounin et une douzaine de ses amis sont arrêtés par la Gestapo en mai, accusés d'activités de résistance, et enfermés à la prison de Caen.

Toute la journée du 6 juin, Dounin pourra entendre le fracas de l'artillerie navale, au large, et écouter l'impact des tirs rendus plus précis par le patient travail qu'il a accompli.

Hélas, le grondement des canons sonne également le glas pour ses compagnons et lui. Au matin du

7 juin, la Gestapo rassemble tous les prisonniers dans la cour de la prison de Caen, et les exécute. Mais l'œuvre de Maurice Dounin reste gravée dans l'air des collines de Normandie.

Pour le commandement suprême, la contribution la plus importante que peut apporter la Résistance aux plans des Alliés doit, par définition, se produire dans les quinze jours qui suivent le débarquement en Normandie. La Résistance est-elle capable de ralentir la progression des renforts allemands vers la tête de pont ?

Elle en est capable !

Voici comment la Résistance a eu maille à partir, justement, avec l'une des divisions que le quartier général d'Hitler voulait expédier le plus rapidement possible en renfort sur la Normandie. La 2e *Panzer SS*, la division « Das Reich ». Une star qui va rater son rôle dans l'histoire.

C'est l'une des deux fameuses divisions que Rommel est allé réclamer à Berchtesgaden, au Führer lui-même, et qu'il voulait poster, sous son commandement, à l'arrière des plages du débarquement.

Dans la nuit du 5 juin, la division est encore tranquillement cantonnée dans la forêt de Montech, à l'ouest de Montauban. Normalement, elle doit voyager par chemin de fer jusqu'à Caen. Un mouvement de troupes qui, dans des circonstances normales, devrait prendre entre quarante-huit et soixante-douze heures au maximum.

Ce soir-là, un jeune homme aplati sur le carrelage de sa cuisine, quelque part dans la banlieue de Toulouse, s'efforce de capter les messages personnels de la BBC. Il entend soudain : « Nous allons gaver les oies. » Un message bien choisi pour un réseau de résistance du sud-ouest de la France.

Il tape sur l'épaule de son compagnon, Michel Comte : « On dirait qu'on a du boulot ! »

Son nom de code est « Alphonse ». Le réseau qu'il dirige s'appelle « Pimento ». Il couvre une zone qui s'étend de Lyon à Grenoble, et de Grenoble à Toulouse. Ses missions sont strictement limitées au sabotage des trains.

Le réseau existe depuis 1942 et compte environ, en juin 1944, mille cinq cents membres, dont la plupart sont employés, à un poste ou à un autre, dans les chemins de fer français.

Par rapport à la moyenne des réseaux, les hommes sont relativement bien armés. Depuis la fin de l'année 1943, ils ont bénéficié de quatre-vingt-treize parachutages, dont certains comptaient jusqu'à soixante-douze containers.

Comme toujours, Londres a inventé des systèmes ingénieux pour les aider dans leurs missions de sabotage des voies ferrées.

Les Français ont baptisé le plus récent « crapaud ». C'est un disque qui ressemble vaguement à une grenouille et que l'on fixe sur le rail. En passant dessus, le poids de la locomotive déclenche un détonateur, relié à une charge de plastic disposée plus loin, le long de la voie.

En théorie, la charge doit être capable de faire dérailler la plupart des locomotives. En pratique, elle ne peut rien contre les grosses locomotives de type « C » ou « D », en service dans les chemins de fer français du Sud-Ouest.

Mais il existe un problème plus important. En cet été 1944, la plupart des conducteurs de locomotive, dans le secteur, appartiennent à la Résistance. Les membres du réseau « Pimento » ne vont tout de même pas prendre le risque de tuer, ou de blesser gravement, leurs compagnons résistants.

Alors, sur les ordres d'Alphonse, les ingénieux bricolages de Londres sont mis de côté. Notre homme en revient au vieux système qui consiste tout simplement à faire sauter deux mètres de rail, avec des charges de plastic.

Pour réparer une brèche de deux mètres de long sur une voie ferrée, il faut d'abord une journée de travail. Et la moitié de l'équipe de réparation étant constituée de résistants, le travail ne va pas très vite.

Puis, au coucher du soleil, un ou deux hommes se séparent de leurs camarades, dénichent un autre endroit sur la voie, et font sauter deux autres mètres.

Puisque Londres a décidé que la division « Das Reich » ne doit pas emprunter la voie ferrée, Alphonse installe son quartier général dans un garage de camions, dans la zone industrielle de la banlieue toulousaine. Il est censé y être employé par son compagnon, Michel Comte, lui-même propriétaire du garage. Son travail est de fouiller la campagne à la recherche de tous les véhicules hors d'usage, susceptibles de lui fournir des pièces détachées. Ce qui lui donne évidemment une couverture idéale pour repérer des endroits isolés le long de la voie ferrée, à l'extrême nord et au nord-est de Montauban, là où il est possible de faire sauter tranquillement les rails.

Tous ces repères sont inventoriés et assignés à ses hommes, dans un large cercle des environs de Montauban.

En écoutant ce message : « Nous allons gaver les oies », Alphonse sait d'avance lesquels de ses hommes vont se faufiler dans la nuit pour aller faire sauter le morceau de voie qui leur a été désigné comme objectif.

Le lendemain matin, il se rend d'abord à Toulouse, puis à Montauban, pour y rencontrer son adjoint. L'homme occupe, comme par hasard, une situation très commode : il est l'un des responsables du calendrier des équipes de réparation des voies endommagées.

À la fin de sa journée de travail, il peut donc renseigner Alphonse sur la progression du travail de ses ouvriers dans la réparation des dégâts de la nuit précédente. Ce qui permet à Alphonse d'envoyer ses équipes de sabotage plastiquer à nouveau les voies qui viennent d'être réparées...

Ça, c'est du travail ! Et il est tellement efficace, ce travail, que pas un train ne pourra circuler au nord ou au nord-est de Montauban, du jour J à la libération de la ville.

La division « Das Reich » a reçu ordre de faire rapidement mouvement dans la nuit du 8 juin. Mais, par la grâce des sabotages du réseau « Pimento », elle n'a pas le choix. Elle doit faire mouvement par la route.

Les chars allemands ne sont pas faits pour couvrir de longues distances sur des routes asphaltées. Les roulements de leurs chenilles sont en acier moulé. Les essieux en alliage de bronze. Un long parcours sur route échauffe les roulements, les fait se dilater et finit par coincer les essieux.

Les énormes chars allemands ne peuvent pas rouler plus de deux cent quatre-vingts kilomètres d'affilée sans être obligés de s'arrêter pour effectuer des réparations importantes.

Et ce n'est pas le seul problème qu'affrontent les commandants de chars allemands. Ils roulent de jour, exposés aux attaques aériennes. De nuit, de toute façon, ils auraient du mal à franchir les routes difficiles de la campagne de Dordogne, où le maquis se tient partout en embuscade.

Ils ont donc décidé de progresser par petits groupes jusqu'à la Loire, où ils seront à bonne distance des attaques aériennes, puis de continuer de nuit.

Tout au long du chemin, les maquisards les

attaquent en plein jour, et chaque fois qu'ils le peuvent. Bien que ce soit extrêmement dangereux. Ils envoient également des messages radio pour tenir Londres au courant de la position de la *Panzer* et des routes qu'elle va emprunter.

Ce voyage de Montauban à la Loire va durer neuf jours pleins. De la Loire à Saint-Lô, l'avancée de la division prendra encore six jours. Quinze jours pour un voyage que les Allemands auraient pu faire en quarante-huit heures. Quinze jours, durant lesquels la division « star » de Panzer n'a pas été capable de tirer une seule fois sur un soldat allié.

Le résultat est là, grâce à la Résistance, et d'abord aux hommes du réseau « Pimento », aux ouvriers du rail et aux maquis embusqués tout au long de la route de la « Das Reich » *Panzer Division*.

Des milliers de gens ont participé à l'opération.

Il y eut des morts. Environ une centaine de maquisards, aucun membre du réseau « Pimento ».

Mais les pertes ne furent pas énormes au regard de l'exploit que la Résistance réussit à accomplir.

C'est un exemple parfait de ce qu'elle était capable de faire, et de ce qu'elle a fait.

Un exploit dont Eisenhower disait qu'il avait largement aidé à faire basculer le sort de la bataille de Normandie.

18

On ne réveille pas un Führer qui dort

C'est réellement un miracle. Il n'y a pas d'autre mot.

Quelques secondes seulement après 2 heures et demie du matin, le 6 juin 1944, et très exactement dans les temps, les navires de la flotte de débarquement se rassemblent en baie de Seine.

Plus de cinq mille bâtiments. L'armada la plus énorme qui ait jamais pris la mer. Aucun océan sur cette planète n'a offert pareil spectacle. Et il est fort probable qu'il ne se répétera jamais.

Sept cuirassés, vingt-trois croiseurs de combat, deux cent cinquante navires de guerre, armés de canons d'artillerie navale pour soutenir l'assaut ; des milliers de navires de transport de troupes, chargés de cent cinquante-cinq mille soldats qui s'apprêtent à monter à l'assaut des rivages de la « Forteresse Europe » d'Hitler, avant le lever du soleil. Des navires-hôpitaux, des navires de commandement, des navires ravitailleurs, des cargos chargés de tanks, de half-tracks et d'armement de campagne.

Ils ont dû naviguer dans la tempête et le brouillard, errer sur une mer démontée. Ils arrivent, pourtant, au large des côtes normandes, en ordre parfait, et se frayent un chemin au travers des balises flottantes. Les sous-marins de poche ont maintenant fait surface et leur ouvrent la voie vers leurs postes d'amarrage, au large de la côte, à dix ou dix-huit kilomètres, selon le plan précis des commandants de l'Amirauté.

Cette tempête, qui a contraint Eisenhower à retarder l'opération, offre maintenant aux Alliés l'aubaine sur laquelle ils ne comptaient pas, l'effet de surprise.

Pas un seul sous-marin allemand, pas le moindre U-Boat, aucun avion de reconnaissance aérienne, nul radar n'a détecté la présence de l'immense flotte qui approche de la côte.

Un seul navire a été coulé durant la traversée sur les cinq mille bâtiments de guerre.

Il est 3 heures du matin. La première vague d'assaut est composée des 1re, 4e et 29e divisions d'infanterie des États-Unis ; de la 3e division canadienne ; des 50e et 3e divisions d'infanterie britanniques ; de détachements de rangers et de commandos. Les hommes commencent à enjamber les flancs des navires transporteurs, pour sauter dans les péniches de débarquement qui vont les propulser sur les plages.

Nombre de ces hommes sont en mer depuis le

1er juin, avec leurs rations de survie. Certains sont épuisés, ils ont souffert d'un mal de mer épouvantable. Grimper sur les cordages, chargés de leur lourd équipement, est un exercice périlleux. Un vent de force 3 creuse la mer en permanence, la houle est pénible, les vagues déferlent inlassablement. Les péniches de débarquement dansent sur leur bossoir, ballottées comme de vulgaires bouchons. En calculant mal son saut, un homme peut tomber à la mer, se noyer, ou être écrasé entre les flancs du navire transporteur et ceux de la péniche.

À l'exception de quelques maigres rayons de lune, il fait un noir d'encre. Et à part le bruit métallique des flancs des navires qui s'entrechoquent, ou le cri de rage d'un GI qui a raté son saut, on n'entend que le grondement des vagues et le sifflement du vent.

Là-bas, sur la côte, les Allemands, derrière leurs lignes de défense, ne savent toujours pas que l'armada alliée a mouillé dans la nuit juste devant leurs batteries, que l'invasion est sur le point de déferler sur les plages.

Aucun tir d'artillerie en provenance des batteries allemandes ne vient troubler les préparatifs des premières vagues d'assaut.

Il faudra encore quatre-vingt-dix minutes aux Allemands pour s'apercevoir que la flotte de débarquement est sous leur nez.

Et cette découverte viendra du système de surveillance le plus primitif qui soit : l'oreille humaine.

Un Allemand, en sentinelle derrière Utah Beach, va enfin donner l'alarme, après avoir entendu le « splash » et le « clang » d'une ancre d'amarrage, tâtonnant à cinq brasses de profondeur.

Les premiers renseignements signalant au commandement allemand qu'il se passe quelque chose en Normandie arrivent quelques minutes après 1 heure du matin, au quartier général du 84e corps d'armée de Saint-Lô. Là-bas, on chantait « Joyeux Anniversaire » au général commandant Erick Marcks, on portait des toasts au champagne... La fête vient juste de finir lorsqu'un messager surgit avec les nouvelles : grande activité aérienne des Alliés sur Cherbourg.

Le temps pour le général Marcks de gagner la salle des opérations militaires et le téléphone sonne. À l'appareil, l'un de ses commandants l'informe respectueusement que des parachutistes anglais ont sauté sur la rive est de l'Orne. Voilà un anniversaire qui, finalement, n'a rien de bien joyeux.

Au quartier général de Rommel, à La Roche-Guyon, le général Hans Speidel, chef d'état-major du maréchal, est réveillé en sursaut à 2 h 30 du matin, lorsqu'on lui annonce aussi le parachutage anglais. Il estime qu'il s'agit probablement d'une mission de soutien à la Résistance locale. Il ne prend même pas la peine de téléphoner à Rommel, chez lui, à Herrlingen.

Le supérieur de Rommel, le maréchal Gerd von Rundstedt commandant en chef du front de l'Ouest, s'est retiré dans ses appartements sur le coup de

11 heures du soir, après avoir dégusté jusqu'à la dernière goutte, et comme de coutume, une bonne bouteille de bordeaux. Son officier d'état-major, le général Bodo Zimmermann, l'homme qui, un peu plus tôt dans la soirée, a soigneusement mis de côté le fameux message d'alerte du poème de Verlaine *(Les sanglots longs des violons de l'automne)*, se résigne à réveiller son maréchal, à 3 heures du matin. Opération délicate. Le maréchal, d'habitude, n'ouvre l'œil qu'aux alentours de 10 heures.

Von Rundstedt, en peignoir et en chaussons, trottine jusqu'à la salle des opérations, en avalant une tasse de café noir. Il examine les cartes en silence, pendant quelques minutes. Aussi indolent qu'il soit, dès que son cerveau est en état de fonctionner, il est apte à juger parfaitement la situation militaire. Ces parachutages peuvent très bien être le signe avant-coureur d'une attaque massive.

Sur ce, il retourne dans ses quartiers prendre un bain, se raser et enfiler son uniforme. Il serait inconvenant pour un maréchal comme lui de prendre le commandement des défenses du Reich sur le front de l'Ouest en robe de chambre.

Aux environs de 4 h 30, avant même que la première vague d'assaut ait débarqué sur les plages, ce vieux rusé de maréchal a compris. Ces troupes de parachutistes sont sans aucun doute le prélude à un vaste débarquement qu'elles sont chargées d'assurer sur ses flancs. L'attaque devrait se situer sur la côte normande, entre ces deux rivières, l'Isigny et l'Orne.

Peu importe qu'il s'agisse ou non d'une manœuvre de diversion. L'important, c'est de préparer le terrain pour une contre-attaque massive.

Il ordonne à la toute jeune division blindée SS, la 12ᵉ, au nord-ouest de Caen, et à la *Panzer* Lehr, près de Chartres, de faire immédiatement mouvement en direction de la Normandie.

L'ordre est exactement celui qu'il faut donner. Pourtant, von Rundstedt n'a pas autorité pour le prendre. Hitler, seul, peut décider de mettre en action ces deux divisions de réserve de l'Oberkommand der Wehrmacht. Mais von Rundstedt lance l'ordre quand même, avant d'envoyer un message au quartier général d'Hitler pour l'en informer.

Si les deux divisions progressent rapidement, le brouillard matinal et les nuages épais les protégeront d'une attaque aérienne. Elles devraient pouvoir affronter les Alliés sur leurs plages de débarquement vers midi. Ce mouvement de troupes paraît d'une telle évidence à von Rundstedt qu'il est persuadé que même les généraux d'Hitler, qu'il méprise et considère comme des imbéciles, vont entériner son ordre.

Ils refusent.

Lorsque le général Alfred Jodl, chef d'état-major général de la Wehrmacht, se réveille à 6 h 30 et qu'on l'informe des décisions de von Rundstedt, il pique une colère noire. Et donne immédiatement des instructions pour les annuler. Les divisions blindées ne doivent pas bouger d'un pouce avant qu'Hitler lui-même en ait donné l'ordre. Et le Führer dort encore. Jodl ne juge pas la situation suffisamment grave pour le réveiller.

En sa qualité de maréchal, von Rundstedt a le droit de communiquer avec le Führer à n'importe quelle heure du jour ou de la nuit. Il pourrait prendre son téléphone, demander à parler au Führer en privé, et le convaincre de mettre sous son commandement personnel les deux divisions en question. Il ne le fait pas. Il tient ce « caporal de Bohême » en si piètre estime qu'il a rarement daigné l'appeler. En revanche, il va prendre son petit déjeuner, se promener dans son jardin et bricoler ses rosiers.

Si ces deux divisions étaient arrivées dans l'après-midi du jour J pour se jeter dans le chaos qui présidait à l'installation de la tête de pont alliée, nul ne peut dire les pertes qu'elles auraient infligées au débarquement allié.

L'assaut est déclenché à 5 h 30, dans un fracas de bombardements qu'aucun continent n'a encore subi.

Mustang 51, Spitfire, Hurricane, Lightning... Dix mille avions se ruent à basse altitude sur les défenses côtières allemandes, lâchant leurs rockets, mitraillant, pilonnant, en un grondement d'enfer.

Au-dessus d'eux, les forteresses volantes, les B26 et les Halifax de la 8e Air Force, déversent des tonnes de bombes sur les plages. Au large, l'artillerie de près de six cents navires de guerre assure un feu de couverture imposant.

Pour les hommes de la première vague qui tanguent sur leurs péniches de débarquement, prêts à s'élancer sur leurs objectifs, c'est un spectacle rassurant. Ils ne peuvent pas savoir, évidemment, que, du côté d'Omaha, la visibilité est si mauvaise que les avions ont décidé de lâcher leurs bombes à plus de cinq kilomètres à l'intérieur des terres. Pas une seule bombe ne tombera sur les défenses allemandes qui les attendent là-bas.

Peu après 5 h 30, alors que les bombardements précédant l'assaut continuent de secouer le ciel, le commandement jaillit, hurlé d'une voix forte et rauque à l'intérieur des péniches : « Dehors tout le monde ! »

L'invasion de la « Forteresse Europe » est en marche.

D'un bateau à l'autre, les hommes crient, se hurlent des encouragements : « US Rangers en avant ! », « Souviens-toi de Dunkerque ! », « Pour le pays et le Roi ! »...

Cent cinquante-cinq mille hommes vont se jeter à l'assaut des plages, à l'aube de ce jour-là, mais cette première ligne de bateaux, tanguant et roulant sur la mer, n'en amène que trois mille.

Le premier assaut est déclenché à Utah Beach, en raison de la marée qui monte plus tôt à cet endroit de la côte. Derrière la plage, une rangée de batteries de canons de dix pouces, ramenées de la ligne Maginot, enterrées sur un haut escarpement. Et, en dessous, à la limite des marques de la marée haute, les redoutables batteries allemandes de 88, installées de manière à prendre le champ de tir sous un feu croisé.

C'est là que se produit le deuxième miracle du jour J.

Une péniche de débarquement pilote dévie de sa route, emportée par un courant puissant dû à la tempête et à une erreur de pilotage. Elle touche le sable, loin de ces défenses, à mille huit cents mètres plus au sud, sur une autre bande de plage, moins bien défendue. Pas de hautes falaises à escalader, pas d'escarpements. Les premiers attaquants abordent et filent à l'abri des dunes, avant que les Allemands aient pu ouvrir le feu.

Les deux autres vagues suivent, sans rencontrer beaucoup d'opposition. Pour ces hommes-là, le débarquement paraît presque plus facile que l'entraînement qu'ils ont subi en Angleterre. Vingt-huit convois amphibies, chargés de tanks, abordent la plage sans ennui.

Mais leur débarquement accidentel sur cette plage si mal défendue pose tout de même un problème. Immédiatement après la bande de sable, les hommes se retrouvent devant le grand lac artificiel, invention de Rommel. Une seule digue permet de passer de la plage à l'intérieur des terres.

Que faire ? Progresser sur la digue, porter l'assaut vers l'intérieur, de l'autre côté de ce goulet d'étranglement ? Ou envoyer la prochaine vague de péniches plus au nord, sur la plage initialement prévue et qui comporte trois digues permettant de gagner les terres ?

Teddy Roosevelt, général de brigade, petits-fils du Roosevelt qui fut président des États-Unis juste avant la Première Guerre mondiale, prend la décision : progresser sur cette digue unique et s'échapper au plus vite de cette plage où on les a débarqués par erreur.

C'est la bonne décision. À la nuit tombante, la 4ᵉ division est à dix kilomètres à l'intérieur des terres. Elle n'a perdu que cent quatre-vingt-dix-sept hommes au cours du débarquement.

« Du gâteau », comme l'a dit le général américain Omar Bradley, commandant les troupes terrestres américaines.

Ce n'était pas du tout le cas sur les autres plages.

19

Sanglante Omaha

Le jour se lève lentement, le mardi 6 juin 1944. La lumière a du mal à écarter les ombres de la nuit. Dans la brume qui s'élève de la mer, la ligne sombre de la côte est obscurcie, enfumée par les milliers d'incendies qui l'ont embrasée. Un voile de fumée âcre s'est répandu sur les plages, héritage des dix mille tonnes d'explosifs tombés du ciel ou jaillis des flots, dans un tonnerre d'enfer, d'une violence sans précédent. Un véritable déluge de feu.

Hélas, les attaquants vont bientôt s'en apercevoir, ce bombardement n'a réussi qu'à frapper de stupeur les défenses côtières allemandes, bien enterrées, à l'abri dans leurs positions.

À 6 h 30 précises, la première vague de « landing crafts », ces péniches à fond plat spécialement conçues pour un débarquement, se lance sur les plages. Le 2e bataillon de l'East York sur Sword, le 3e canadien sur Juno, les « Rats du désert » du 15e britannique sur Gold. Avec eux, le 4e commando franco-britannique, les « Bérets verts » du général de brigade lord Lovat, et le bataillon de fusiliers marins du lieutenant de vaisseau Philippe Kieffer, le « French commando » comme l'appellent leurs camarades. Ils constituent la première unité de Français en uniforme qui va repousser l'occcupant allemand sur le sol de France.

Malgré la tâche épouvantable qui les attend, les soldats britanniques arrivent glorieusement vers la plage, superbes, en grande pompe et grand apparat, avec ce mélange étonnant de solennité et de décontraction si britannique.

Quelque part devant Sword, une énorme voix s'élève en braillant : *Roll out the barrel*, roulez tambour. Et le major C.K. King se dresse à la proue de son landing craft pour déclamer devant ses troupes le discours du roi, tiré du *Henry V* de Shakespeare :

He that outlives this day and comes safe home
will stand a tiptoe when this day is named.

« Qui survivra à ce jour et reviendra sain et sauf fera silence, quand on fêtera ce jour. »

Lorsqu'il a terminé, ses hommes, dont certains n'ont plus que quelques minutes de ce jour à vivre, hurlent leur enthousiasme.

Sword est, en principe, la plage la mieux défendue des objectifs britanniques. Les unités qui s'y engagent ont été averties, on prévoit environ cinquante pour cent de pertes humaines.

« Qui survivra... » Et ils hurlent d'enthousiasme, quinze minutes avant le verdict.

Le gros de la première vague débarque à Queen Beach, qui part de Lion-sur-Mer, longe la côte de Ouistreham et va jusqu'à Riva Bella, qui surplombe la mer, à l'embouchure de l'Orne. Ici, la plage est relativement plate, et le flux de la marée assez restreint. À l'intérieur des terres, derrière la plage, sur une grande plaine, sagement alignées, des maisons de un ou deux étages appartenant aux gens du pays ou à des Parisiens qui y passent leurs vacances. Beaucoup ont été transformées par les Allemands en repaires de mitrailleuses.

Le 2e bataillon du régiment d'infanterie britannique East Yorkshire, qui monte à l'assaut, perd deux cents hommes sur la plage avant de trouver l'abri des premières maisons. En se faufilant de l'une à l'autre, les survivants de cette première vague s'emploient à détruire les défenses allemandes, en prenant à revers un maximum de points forts. Vers 8 h 30, à part quelques tireurs isolés qui s'obstinent ici ou là, le terrain est largement nettoyé.

Alors, les habitants surgissent de leurs maisons pour accueillir les libérateurs. Sur le front de mer, une jeune fille française aide les blessés à se dégager de la marée montante. Les bouteilles de vin et de cidre qui attendaient ce jour depuis si longtemps tombent dans les bras et le gosier des Anglais stupéfaits et heureux. On les embrasse, on les bouscule joyeusement en criant : « Vive les Anglais ! »

Le maire de Colleville-sur-Orne vient accueillir officiellement les troupes de débarquement sur la plage ; il est resplendissant dans son écharpe tricolore et son casque de sapeur-pompier soigneusement astiqué.

Le débarquement le plus difficile sur les plages assignées aux Britanniques est réservé aux Canadiens. À Juno Beach, quelques kilomètres à l'ouest de Sword.

Une mer mauvaise a retardé la première vague d'assaut, et la dernière marée laisse apparaître un récif, à la pointe ouest de la plage, qui oblige le premier landing craft à aborder dans un autre endroit, en plein dans les défenses allemandes. Plus d'une vingtaine de bateaux sont perdus. Le support de l'artillerie devait venir des tanks armés d'obus de 95, les vieux Centaure britanniques. Comme tous les autres tanks, ils étaient ceinturés d'une sorte de gaine de flottaison en caoutchouc, destinée à les empêcher de sombrer, au moment de sortir du landing craft, et à les aider à gagner la terre ferme. Mais leur tourelle, trop haute, les déséquilibrait, et ils n'ont pas brillamment servi, ces pauvres vieux tanks. Trente-quatre ont coulé dans la mer déchaînée. Néanmoins, les Canadiens ont réussi à progresser à l'intérieur des terres. À Courseuilles et à Saint-Aubin, ils affrontent une nouveauté que les autres attaquants du jours J ne connaîtront pas. Progresser de maison en maison, et de rue en rue, c'est le combat urbain, où chaque coin de mur est un ennemi. Pourtant, dans l'après-midi, ils ont réussi à nettoyer les deux petites villes, et foncent sur leur objectif : la route Caen-Bayeux.

Comme le débarquement à Sword Beach, celui du 1er Hampshire et du 1er Dorset à Gold Beach rencontre moins d'opposition que l'on ne s'y attendait. Ici, l'ingéniosité des Britanniques va payer. En particulier, leurs « tanks à fouet ». Ils traversent la plage en faisant exploser les mines, dissimulées dans le sable, à grandes gifles de leurs fouets métalliques, comme on battrait des gerbes de mauvais blé.

La deuxième grande trouvaille, c'est le « Roly-Poly » : une longue bande de métal que l'on peut dérouler sur la plage, pour permettre aux engins de rouler jusqu'en terrain sec.

C'est sur la plage suivante que l'assaut des Alliés frôle la catastrophe.

Omaha... Sanglante Omaha.

Le nom de cette bande de sable de 5 000 mètres va entrer dans l'histoire des États-Unis aux côtés de bien d'autres, ceux des batailles de la Guerre civile, Antietam, Chancellorsville ou Bloody Angle.

Omaha est devenue le symbole des batailles meurtrières, des hécatombes pour les marines américains, aussi sanglantes que celles du Pacifique, à Tarawa, Pelieu ou Iwo Jima.

Omaha, c'est le nom d'un cauchemar. Une langue

de sable en forme de croissant, bordée de dunes d'une trentaine de mètres de haut.

Omaha possède les meilleures défenses naturelles de toutes les plages du débarquement. Elle a aussi les meilleurs défenseurs. Les Alliés ignoraient, dans leur estimation des effectifs allemands sur Omaha, que le 716e régiment d'infanterie venait d'être renforcé par des vétérans de la 352e division, bien supérieure aux autres.

À Omaha, la flottille de débarquement doit jeter l'ancre à vingt kilomètres au large, au lieu de dix pour les autres plages. On craint, en effet, d'approcher de plus près les six batteries de canon de 155 de la pointe du Hoc, qui ont une portée de plus de vingt kilomètres. Ce qui veut dire, évidemment, que les tirs d'artillerie navale qui doivent couvrir les troupes de débarquement à Omaha seront plus éloignés et moins puissants que sur les autres plages.

La première vague comprend mille quatre cent cinquante hommes, répartis à bord de trente-six landing crafts : les hommes du 16e régiment d'unités de combat de la 1re division, et du 116e régiment d'unités de combat de la 29e division d'infanterie.

Le site de débarquement à Omaha a été divisé en trois plages : Easy, Dog et Fox ; chacune subdivisée en trois autres : Red, Green et White.

À 6 h 25, trente-deux chars amphibies devraient être en position, au ras de la ligne d'eau, et couvrir le débarquement des hommes sur la plage. Cinq minutes plus tard, vingt-quatre autres chars devraient les rejoindre. Une minute plus tard, les troupes de débarquement devraient être à pied d'œuvre. Deux minutes plus tard, les deux cent soixante-dix hommes des équipes de déminage devraient déblayer quarante mètres de chenal à travers les pièges diaboliques de Rommel, pour laisser passer le gros de la vague d'assaut qui devrait aborder à 7 heures.

Ça, c'est le plan. Il ne marche pas.

À Omaha Beach, en ce jour de juin 44, rien de ce qui était prévu ne va marcher.

En raison de la mauvaise visibilité, le bombardement aérien s'est égaré de cinq kilomètres à l'intérieur des terres. Pas la moindre bombe n'est tombée sur les défenses côtières allemandes. Quant au bombardement de l'escadre, il n'a fait qu'assourdir les hommes au fond de leurs bunkers et flamber les broussailles tout le long des dunes.

Tout cela n'a servi qu'à rendre terriblement imprécis les tirs suivants. De plus, ce bombardement n'a guère endommagé les défenses allemandes. Les batteries sont enterrées en cuve, rendues inaccessibles à un feu direct venu de la mer. Inaccessibles, elles le sont vraiment. Mais, ignorant que ce bombardement ne les a quasiment pas atteintes, les trente-six landing crafts de la première vague s'élancent.

Ils courent au désastre.

Les Allemands retiennent le feu et les laissent

approcher. Ils attendent que les Américains se trouvent en bonne ligne de mire. Enfin, ils déclenchent le tir. D'abord, les mitrailleuses balayent la plage de tirs croisés, puis l'artillerie lourde se met à l'œuvre depuis les bunkers situés en haut de la falaise.

Les Américains, recroquevillés de terreur, malades au fond de leurs péniches, sentent et entendent s'écraser les projectiles sur les coques métalliques qui les protègent encore. Puis les rampes des péniches s'abaissent et il faut se jeter à l'eau, patauger, surnager avec un équipement de cinquante kilos, au milieu des gerbes de balles de mitrailleuses, dans le sifflement des éclats d'obus.

La mer éclate en gerbes meurtrières autour des hommes. Sur les hommes.

Dans leur précipitation à sortir de la péniche, certains se noient en sautant de l'autre côté. Avec leurs énormes sacs à dos et de l'eau jusqu'à la poitrine, ceux qui ont réussi à franchir vivants la rampe du landing craft doivent maintenant lutter contre les vagues, le vent, le courant, s'extirper des trous d'eau, pour atteindre là-bas, au loin, si loin sous la mitraille, une bande de sable ferme.

Ils avancent avec la lenteur pesante de silhouettes de cauchemar, comme des cibles de foire, face aux mitrailleuses allemandes qui, de là-haut, crépitent sans relâche. Pour ceux qui atteignent, épuisés, le bord de l'eau, il reste encore près de deux cents mètres de plage à franchir à découvert sous ce feu meurtrier avant d'atteindre une relative sécurité au pied de la falaise.

Sur les trente-deux chars d'artillerie d'appui, cinq seulement parviennent jusqu'à la plage, les autres ont sombré. Il reste trois bulldozers sur seize. Et pas une seule pièce d'artillerie.

Les deux cent soixante-dix sapeurs du génie, censés faire sauter les obstacles antichars de Rommel et ouvrir un chemin à la deuxième vague d'assaut, sont cueillis par un feu défensif tout aussi intense. En l'espace de trente minutes, il ne reste plus que la moitié des hommes.

À 7 heures, la seconde vague arrive sous le même feu dévastateur et sur une tête de pont qui n'a pas pu être déminée. C'est le chaos total. De haut en bas, la plage n'est plus que confusion : les officiers séparés de leurs hommes, les escadrons de leurs sections, les sections de leurs compagnies... Pas un seul des hommes n'a réussi à gagner les positions qu'on leur a appris à reconnaître à l'entraînement.

Le support de l'artillerie navale est devenu impossible. La plage est envahie d'une telle épaisseur de fumée que les artilleurs ne peuvent même pas pointer leurs cibles.

Sans chef, égarés, les survivants se réfugient au pied de la falaise, paralysés par la panique ou l'indécision.

Au point « Dog Green », la batterie de mitrailleuses est si meurtrière que certains hommes retournent précipitamment vers la mer, pour se réfugier dans les vagues. Comme si ce flot sombre et glacé avait le pouvoir de les protéger de la mort. D'autres, épuisés, rampent à fleur d'eau et se laissent ballotter par la marée montante, espérant l'abri dérisoire d'un rocher.

Au milieu de la matinée, la tête de pont d'Omaha Beach n'est qu'un cimetière de sable, parsemé de cadavres, large d'à peine cent mètres. Partout sur les plages, à Dog Red, à Dog Green, le cauchemar qui hantait les nuits de Winston Churchill a pris forme humaine et meurtrière. Les vagues d'Omaha Beach déferlent sur le sable, teintées du sang de tous ces jeunes Américains morts dans leurs flots rugissants.

Sur son navire amiral *Augusta*, le général Omar Bradley craint véritablement que les Alliés n'aient subi à Omaha une « catastrophe irréversible ». Le genre de désastre qui justifie les pires craintes de Churchill et de sir Alan Brooke.

Bradley réfléchit intensément. Faut-il laisser le restant des vagues d'assaut se jeter dans le carnage d'Omaha ou les détourner sur Utah ? Se retirer d'Omaha ? Une stratégie de dernière minute qui laisserait une énorme brèche de plus de trente kilomètres dans les lignes alliées. Une calamité dans le déroulement du débarquement.

À l'heure où il se désespère, la situation sur Omaha pourtant commence à changer.

Les hommes les plus expérimentés, ceux de la 1re division d'infanterie, « The Big Red One », ont réagi les premiers. Bradley dira plus tard que ces soldats ont sauvé le jour J.

Peu à peu, par petits groupes, ils commencent à escalader la falaise et à détruire les positions allemandes au fur et à mesure de leur progression.

Les officiers les plus anciens font le tour des plages, avec un courage et une détermination formidables, secouant les hommes paralysés de lassitude et d'effroi.

Le colonel George A. Taylor, du 116ᵉ régiment d'infanterie, hurle à ses soldats : « Deux sortes de gars vont rester sur cette plage ! Les morts et ceux qui sont en train de mourir ! Alors, bon Dieu, tirons-nous d'ici ! » Et ses hommes obéissent.

Le général de brigade Norman Cota, de la 29ᵉ division, arpente le sable de long en large, en mâchonnant un énorme cigare et en exhortant ses hommes à avancer. Il interpelle un petit groupe :

– Vous ! Qui êtes-vous ?

– Rangers !

– Alors, bon sang de nom de Dieu, si vous êtes des rangers, debout et ouvrez la marche !

Stimulés par des officiers comme Taylor, Cota et bien d'autres, les hommes se remettent à bouger.

Pour quitter la plage, il y a cinq issues. Peu après midi, deux sont dégagées : l'une à coups de torpilles du Bengale qui font sauter ses défenses ; l'autre par la prise à revers des positions qui la couvraient.

Finalement, à 13 h 30, le général Leonard Gerow, commandant le 5ᵉ corps d'armée, est en mesure de passer ce message radio à Bradley : « Les troupes précédemment clouées sur les plages sont en train de progresser sur les hauteurs situées en arrière de la plage. »

Ils l'ont payée cher, cette progression. Le jour J venait de frôler la catastrophe de très près.

À la nuit, les Allemands savaient qu'ils avaient perdu à Omaha, mais les Américains, eux, ne savaient pas encore qu'ils avaient gagné.

Deux mille GI sont morts sur cette bande de plage, le 6 juin 1944.

Le souvenir de l'hécatombe d'Omaha Beach a tourmenté le général Bradley toute sa vie. Il a écrit plus tard : « Chaque homme qui posa le pied ce jour-là à Omaha Beach était un héros. »

20

Le casino de la plage

Statistiques. Les statistiques ont fait couler tellement d'encre depuis que le débarquement de Normandie a eu lieu...

Une opération si gigantesque qu'on en parle aujourd'hui encore avec des superlatifs : la plus vaste, la plus énorme, la plus extraordinaire, la plus ceci ou la plus cela...

C'est vrai, bien sûr. Mais derrière tous ces chiffres, petits ou grands, il y a des visages humains, des noms d'hommes et de femmes, des identités précises qui donnent aux statistiques leur véritable sens. Il y a leur bravoure et leur dévouement personnels. Ce sont eux, les pierres et le ciment de la victoire. Et surtout, il y a le sacrifice de tous ces jeunes gens anonymes, dont la vie s'est achevée dans la violence soudaine et brutale de ce terrible matin de juin. Il faut parler d'eux, raconter leurs faits d'armes ou leurs actes de simple courage.

Par exemple, ces cent soixante-dix-sept hommes du 1er bataillon de fusiliers marins. Les premiers soldats français, en uniforme français, arrivant sur le sol français depuis la défaite de 1940. Les premiers à combattre à nouveau sur la terre de la patrie.

Le 1er bataillon de fusiliers marins est constitué en avril 1941. C'est une petite compagnie d'élite; environ trois cents hommes servent dans ses rangs. Depuis sa création, elle est commandée par le capitaine de corvette Philippe Kieffer, un vétéran de la débâcle de Dunkerque, qui n'a jamais abandonné son uniforme d'officier français.

Son commando s'est battu à Dieppe et a participé à de nombreux raids sur les côtes de la France occupée Ses hommes ont subi en Angleterre un entraînement physique encore plus rigoureux que celui des autres unités de la Deuxième Guerre mondiale. Peu de combattants sont aussi bien entraînés que les commandos de Kieffer à ce qui les attend le jour J.

Leurs alliés anglais les ont baptisés « The Free French Marines », les Fusiliers marins libres.

En avril, ils sont rattachés au 1er commando du général de brigade lord Lovat. Un homme haut en couleur, couvert de décorations, et pair du royaume. Sa brigade est formée de quatre commandos : les 3e, 4e et 6e commandos, ainsi que le 45e royal de fusiliers marins. Les Français sont intégrés au 4e commando, lui-même constitué de sept unités : trois françaises et quatre britanniques. Quelque six cents hommes en tout.

Lovat, qui connaît et aime bien la France, a décidé

que les trois unités françaises auraient l'honneur d'être les premières de sa brigade à mettre le pied sur la terre de France.

Dans la soirée du 4 juin, après avoir briefé une dernière fois ses troupes sur leurs missions respectives pour le jour J, Lovat rassemble ses hommes et leur annonce : « Nous mènerons l'attaque en “ bérets verts ”! Les commandos sont trop fiers pour débarquer avec un simple casque de soldat d'infanterie. » Puis, s'adressant en particulier au French Commando : « Demain, I promess, you will casser la gueule des Boches en France même! Demain, on les aura! »

Le fier Écossais n'a que vingt-quatre heures d'entraînement en prononciation et vocabulaire français!

Le lundi 5 juin à 17 h 30, les Français embarquent sur leurs péniches immatriculées 526 et 527, à Warsach, sur la rivière Hamble, accompagnés par la musique martiale d'un phonographe éraillé, braillant un air de cornemuse.

Ils ne sont pas censés revenir. Les ordres de Kieffer sont simples et tiennent en trois mots : « S'accrocher, rester, ou mourir. »

Au coucher du soleil, ils sont au large de l'île de Wight, noyés dans l'immense armada de la flotte d'invasion, qui tourne en rond sur un océan d'encre.

Juste avant minuit, Kieffer vient sur le pont parler

une dernière fois à ses hommes. Beaucoup sont malades, retournés par le mal de mer ; le tangage est terrible sur le fond plat de leur péniche.

Si malades que Kieffer se demande comment ils se comporteront dans quelques heures. Il s'enroule dans une couverture pour essayer de dormir un peu, et murmure pour lui-même les mots de la prière de sir John Astley, à l'aube de la célèbre bataille de Newbury : « Mon Dieu, je serai très occupé aujourd'hui. Il se peut que je vous oublie ; quant à Vous, ne m'oubliez pas. »

À 4 h 30, les hommes sont debout. À 5 heures, ils sont sur le pont, scrutant l'horizon, dans l'espoir d'apercevoir les côtes de la mère patrie.

Ils doivent en principe débarquer sur un site appelé la Brèche, sur la plage de Ouistreham, juste devant une colonie de vacances. De là, et s'ils ont débarqué au bon endroit, il leur faudra progresser le long du front de mer, sur une route allant vers Colleville-sur-Orne ; attaquer la ville de Ouistreham ; se rendre maîtres du port et, surtout, s'assurer de toutes les écluses à l'embouchure du canal de l'Orne.

Pour y arriver, ils devront prendre à revers et détruire les puissantes positions allemandes mises en place le long du front de mer, en particulier le vieux casino de Riva Bella, transformé en forteresse et solidement ancré dans les lignes de défense.

Le comte Guy Vourc'h, capitaine commandant l'une des trois unités de Kieffer, tente lui aussi d'apercevoir dans la nuit la côte qui approche, en réfléchissant à la meilleure manière de prendre ce fameux casino. Jadis, avant la guerre, il y a laissé une bonne partie de la modeste fortune familiale...

À 6 h 45, soudain, les hommes sursautent, la côte vient de surgir à leurs yeux, étoilée de points lumineux rouge et jaune, qui clignotent. Comme si le tableau d'un gigantesque billard électrique s'allumait brusquement devant eux. Les Allemands ouvrent le feu. Quelques minutes plus tard, au moment où les passerelles de débarquement s'ouvrent à l'avant des deux berges, le bombardement d'une batterie de 75 déchiquette la passerelle de la péniche 526. Les hommes n'ont d'autre solution que de sauter pardessus bord, dans deux mètres d'eau, avec leurs lourds équipements, et de se débrouiller pour atteindre la plage.

La course pour gagner le bord de l'eau, la course pour traverser la plage jusqu'à la route et l'abri des maisons du bord de mer sont les moments les plus dangereux de l'opération des commandos. Cinquante-sept hommes sur les cent soixante-dix-sept commandos, dont quatre des treize officiers, tombent sur ce terrible parcours à découvert de près de deux cents mètres.

Les consignes des commandos sont impitoyables : abandonner les victimes et continuer. Le transport des blessés, c'est l'affaire des hommes de la deuxième vague.

Hubert Faure, un jeune sous officier dont c'est la première action de guerre, dira plus tard : « Que ce fut dur de voir les camarades, les bons copains, tomber autour de soi, d'entendre leurs cris de souffrance, et d'être obligé de les abandonner dans l'eau rouge de leur sang. »

En luttant lui-même pour atteindre la plage, le jeune Français fond en larmes en voyant l'un des blessés faire un signe d'adieu à la côte, en chantant *La Marseillaise.*

L'un des officiers les plus populaires, Pierre Dumenoir, dit Pépé, s'acharne à gagner la route du bord de mer pour s'y allonger et y mourir, le regard tourné vers le sud, en direction de Paris.

Il est 8 h 15. Les cent quatorze survivants de ce carnage ont rejoint leur point de rassemblement, la colonie de vacances. Ils progressent en direction de la ville, par petits bonds, d'une maison à l'autre, sur la route du littoral, puis le long de la ligne de tramway qui mène à l'arrière des fortifications allemandes du front de mer.

Pendant que les hommes du premier groupe, commandé par le lieutenant Amaury, assurent les tirs de couverture, les hommes du deuxième groupe se dirigent vers le point d'appui des Allemands, le vieux casino de Riva Bella. Deux batteries de mitrailleuses de 20 sont perchées sur le toit du bâtiment renforcé d'un abri de béton armé, et font feu sur les arrivants français. Deux tentatives pour les annihiler n'ont pour résultat que de faire des blessés dans les commandos.

Puis Kieffer est informé qu'une demi-douzaine de chars Centaure ont été débarqués en renfort. Il repart lui-même en chercher un. Il est de retour aux commandes de son char à 9 h 25, cramponné à sa tourelle, pour diriger le tir dans l'axe du casino. À cent mètres du casino, il est touché au bras, sa seconde blessure de la journée. Le char fait sauter les deux batteries de 20 en une douzaine de coups.

Le commando de Kieffer se lance immédiatement à l'attaque du casino. Le char le suit, fait exploser l'une des tours du bâtiment d'où s'échappait encore un feu nourri, bloquant la progression des Français.

À 11 h 20, c'est terminé. Le casino est nettoyé, et les écluses, à l'entrée du canal, sont prises, intactes.

Mais à quel prix... Plus d'un tiers des hommes, de ces « bérets verts français » qui ont plongé de leurs péniches quatre heures plus tôt, ont été tués ou blessés.

Deux adolescents de la ville s'approchent des commandos avec curiosité. L'un dit avec admiration : « T'as vu ? Qu'est-ce qu'ils sont malins, ces Anglais ! Ils nous envoient des types qui parlent français aussi bien que nous ! »

Les combats de la journée ne sont pas encore terminés pour les commandos français. Ils rejoignent le reste de la brigade, pour avancer sur les berges de l'Orne et se porter à la relève des hommes du 6e aéroporté, qui s'est emparé des ponts sur la rivière et le canal de Caen, la nuit précédente, vers minuit.

Le major John Howard et ses hommes subissent la

pression des contre-attaques allemandes depuis des heures. Ils doivent être relevés, selon le plan du jour J, à 12 h 30.

Soudain, à la stupéfaction de Howard, Lovat et ses compagnons surgissent à l'horizon ! En plein affrontement. Ils risquent d'être pris entre deux feux.

Mais Lovat, en grand seigneur, crie à son joueur de cornemuse, Bill Millin : « Joue-nous *Blue Bonnets over the border* ! » (« Les chapeaux bleus sont à la frontière »).

Au son aigu de la cornemuse égrenant le vieux chant guerrier, Lovat et ses commandos s'avancent sur le pont, à la rencontre des paras britanniques, sur l'autre berge. Pendant une minute ou deux, les Allemands sont trop stupéfaits pour tirer.

À mi-chemin, le joueur de cornemuse se retourne vers leur commandant. Il le voit avancer à grands pas, comme à la parade, avec autant d'assurance que s'il inspectait les terres de sa propriété de famille. Spectacle assez incroyable pour les Allemands.

À l'extrémité du pont, le major Howard se précipite pour l'accueillir avec soulagement. Lovat consulte sa montre : « Terriblement navré, vieux frère. Nous sommes en retard de deux minutes trente. »

À l'extrémité ouest du débarquement, les 2ᵉ et 5ᵉ bataillons de rangers du lieutenant-colonel Jim Rudder ont reçu une mission que n'importe quel homme sensé considérerait comme impossible.

Ils ont exactement trente minutes pour escalader, à la pointe du Hoc, une falaise qui peut aller jusqu'à trente mètres de haut, l'équivalent d'un immeuble de neuf étages. Et y détruire les batteries d'artillerie allemandes qui s'y trouvent perchées – cette rangée de canons à longue portée qui a contraint la flotte de débarquement sur Omaha Beach à mouiller à vingt kilomètres au large.

À l'aide de cordes et de grappins, ils progressent péniblement à la verticale, un pied après l'autre. Face aux Allemands, qui leur lancent des grenades à main, comme une pluie de cailloux.

Les rangers parviennent au sommet. Ils ont perdu la moitié de leur compagnie pour y arriver, mais ils y sont. En revanche, les batteries d'artillerie qu'ils doivent anéantir n'y sont pas.

Elles sont à deux kilomètres à l'intérieur des terres. Les Allemands ne les ont pas encore installées dans leurs bunkers de béton. Jean Marion, un jeune résistant français qui les avait localisées, s'était efforcé sans succès de faire parvenir l'information à Londres.

L'assaut des rangers est donc, avec celui de la batterie d'artillerie de Merville, l'un des plus remarquables faits d'armes de ce jour J.

C'est aussi, hélas, la victoire la plus dérisoire de ce matin terrible.

21

Du côté de l'Allemagne

Où l'on reparle de Panzer *et d'escarpins*

Nous sommes exactement le mardi 6 juin 1944, jour du débarquement. Il est 7 h 30.

À cette heure-là, les troupes des armées alliées se battent sur des plages qu'ils vont immortaliser, de leur sang et de leur héroïsme, sous les noms de Sword, Juno, Gold, Omaha et Utah Beach.

Curieusement, sur certaines plages, les combats se déroulent avec une relative facilité – des victoires plus rapides que le général Eisenhower ne l'aurait espéré. Sur d'autres plages, comme à Omaha, la bataille est sauvage, âpre, les pertes sévères, comme elles ne le furent nulle part ailleurs, durant la Seconde Guerre mondiale.

Mais que se passe-t-il du côté des Allemands ? Comment le haut commandement a-t-il réagi au débarquement ?

Grâce à la tempête qui s'est abattue sur la Manche, le 5 juin, les Alliés ont déjà reçu des dieux de la guerre un cadeau inespéré : la surprise. Et ils vont en recevoir un autre des mains du haut commandement ennemi.

Pour le colonel baron Alexis von Roenne, le mardi 6 juin 1944 marque le point culminant de sa carrière au service de l'armée allemande. Vers le milieu de la matinée, il reçoit un appel personnel du général Alfred Jodl, chef d'état-major d'Hitler. Jodl sort d'une conférence dans la chambre à coucher du Führer.

Et Jodl rapporte que le Führer veut obtenir la plus fine estimation de von Roenne, au sujet du débarquement, et que ce rapport doit être prêt pour la conférence stratégique de l'après-midi.

C'est Hitler lui-même qui a affecté von Roenne à ce travail, en sa qualité de chef de la Fremde Heere West, les Affaires étrangères de l'armée de l'Ouest – une branche des services de renseignements de la Wehrmacht, responsable de l'analyse des forces et de la stratégie des Alliés. Car il tient cet aristocrate prussien en très haute estime et fait grand cas de sa capacité d'analyse.

Fort heureusement, von Roenne a, ce matin-là, sur son bureau un paquet qu'on vient de livrer en provenance du quartier général des services secrets de l'Abwehr, sur la Tirpitzstrasse, à Berlin. Il contient la compilation des renseignements que l'Abwehr a reçus la semaine précédente de l'un de ses deux meilleurs agents secrets en Angleterre... V Mann Armand.

Ce matériel est une manne tombée du ciel pour von Roenne. Une bonne base de travail qui éclaire le flot des rapports bruts arrivés sur son bureau ces quinze derniers jours.

Pourtant, il n'a rien de divin, ce matériel, pas plus que ceux qui l'ont fait parvenir jusqu'à von Roenne. Ce sont les experts en supercherie des Alliés qui continuent leur intoxication, avec le plan « Fortitude ». V Mann Armand, en réalité, cache un Polonais contrôlé par le MI5, le service de contre-espionnage britannique. Von Roenne entreprend son rapport de situation du front de l'Ouest (n° 1288, il a survécu à la guerre).

Il commence par une estimation extrêmement précise des combats sur le front de Normandie. Il y a quatre heures à peine que les premières troupes alliées ont été débarquées. Il remarque : « Le débarquement répond mal aux espoirs de l'ennemi. Sa percée est peu profonde en plusieurs endroits, et manque d'un port d'appui. »

Ensuite, faisant référence à ses sources comme étant un « rapport indiscutable d'un agent de l'Abwehr, en date du 2 juin », il détaille la situation des forces alliées en Angleterre : « Le 21e groupe d'armées du général Montgomery, qui doit débarquer en Normandie. Et le 1er groupe armé d'américains du général Patton, à l'opposé, sur Calais. »

L'inexistante! La fantomatique armée du plan « Fortitude »...

Von Roenne continue ainsi : « Aucune unité du

1er corps d'armée US, qui comprend approximativement vingt-cinq grandes formations, n'a jusque-là été engagée à fond. » Et von Roenne insiste : « Cela démontre clairement que l'ennemi est en train de préparer une très grande opération de l'autre côté de la Manche, à laquelle on peut s'attendre dans le secteur côtier du Pas-de-Calais. »

Un million de fantômes, toute l'armée fantôme du plan « Fortitude » vient de pénétrer dans l'Histoire. Et dans le rapport d'analyse le plus important qui ait été fourni par les services de renseignements allemands pendant la guerre.

La conférence stratégique d'Hitler, ce jour-là, doit se tenir en milieu d'après-midi, au château de Klessheim, à une heure de route de Berchtesgaden, dans les Alpes bavaroises.

Il y reçoit à déjeuner le général Dome Sztojay, son nouveau satrape hongrois. Il doit regarder ses cartes avec une énorme satisfaction à ce moment-là. Après tout, les Alliés ont débarqué en Normandie, exactement là où il l'avait dit lors de la conférence stratégique du 19 mars. À tous ses généraux et maréchaux qui en doutaient !

Il en rit même, si l'on en croit Albert Speer, le roi de l'industrie allemande qui assiste à la réunion. Il s'en vante. « On les tient maintenant, ils sont exactement là où on peut les anéantir ! »

Pourtant, il se passe quelque chose d'étrange lors

de cette conférence, quelque chose qui n'a jamais été élucidé.

L'Abwehr a été régulièrement bombardée de rapports sur les plans des Alliés. L'un de ces rapports venait d'un agent de Casablanca. Et il disait que les Alliés *allaient débarquer en Normandie le 6 juin*. Hitler a vu ce rapport. Est-ce la raison qui l'a poussé à renforcer les défenses de Normandie, à la mi-mai ?

Et de qui venait-il exactement, ce rapport ? D'un agent de Vichy, qui aurait découvert un secret que si peu de Français connaissaient ? Ou d'un agent indépendant qui aurait voulu bluffer un agent de l'Abwehr contre quelques Deutsche Marks ?

On ne le saura jamais. Dommage.

Mais ce que l'on sait, c'est l'effet stupéfiant qu'a produit sur Hitler, pourtant si méfiant, ce rapport inattendu.

Speer le note dans son journal. Hitler a cru que c'était une ruse, un piège des Alliés pour détourner son attention de la véritable menace qu'il avait en face de lui. De plus, cela confirme l'analyse de von Roenne. Hitler, qui jusque-là, envers et contre l'obstination de ses généraux, avait prévu le débarquement en Normandie, change soudain d'idée. Voilà qui est étrange, il déclare : « Mon opinion est qu'il ne s'agit pas encore du véritable débarquement. »

Puis, en annonçant très cordialement : « Allons-y... », il se rend à sa conférence stratégique de l'après-midi.

Son chef des opérations, le général Walter Warlimont, note quant à lui dans son journal qu'Hitler étudie négligemment la situation sur les cartes d'état-major qu'on lui a préparées

En souriant sous cape...

Un peu trop négligemment, peut-être.

Il a une décision critique à prendre, lors de cette conférence : une décision qui aurait dû être prise depuis des heures. Celle de confier le commandement des deux divisions de Panzer de réserve à von Rundstedt. Ce que le vieux maréchal a réclamé avant l'aube. Hitler a refusé de prendre cette décision. Il doit ruminer le problème tout au long de son déjeuner végétarien car, en fin de compte, vers 2 heures de l'après-midi, le déjeuner terminé, il autorise le transfert de ces deux divisions de Panzer sous le commandement de von Rundstedt.

Mais c'est tout ce que le vieux maréchal obtiendra. Pas un char, pas un soldat de réserve, stationnés dans le secteur de la 15e armée du Pas-de-Calais, ne bougera d'un pied ou d'une chenille. Cette décision prise, Hitler rentre au Berghof pour faire la sieste.

Le temps que l'ordre de faire le mouvement parvienne aux deux divisions blindées, il est 4 heures de l'après-midi. Alors que von Rundstedt avait donné l'ordre, lui, de faire mouvement dans la nuit, une heure avant le lever du soleil. De façon à ce que les nuages et le brouillard, sur le Cotentin, empêchent toute attaque aérienne alliée, au moins jusque vers midi.

À présent, les avions alliés sillonnent les airs. Il n'est pas question de faire le moindre mouvement en direction des plages avant la tombée de la nuit.

Une seule contre-attaque allemande peut être considérée comme sérieuse ce jour-là. Et, bizarrement, elle se passe, aussi, tard dans la journée.

L'unité blindée la plus proche des plages de débarquement est la 21e division de Panzer, une partie du célèbre Afrika Korps de Rommel. Ses chars et ses hommes sont cantonnés dans des fermes et des villages, éparpillés sur une zone de quarante kilomètres carrés au sud et à l'ouest de Caen, pour ne pas être repérés par l'aviation alliée.

La division est en alerte depuis 2 heures du matin, moment où le message indiquant une activité aérienne et des parachutages est parvenu à son quartier général.

Pendant des heures, les hommes sont restés dans leurs véhicules ou à proximité, moteur tournant, attendant des ordres pour bouger. Rien n'est venu.

Ce silence est dû en partie à la chaîne compliquée des commandements sous lesquels se trouve cette division. Elle concerne le groupe d'armées « B » de Rommel ; le OB Ouest de von Rundstedt ; et un commandement spécial de blindés, le *Panzer Groupe West*. Chacun de ces commandements a une responsabilité dans les mouvements de blindés en France. Dans la nervosité des heures qui ont suivi le débarquement, il semble qu'il y ait eu une tendance de chacun à croire que l'autre avait donné l'ordre à la division d'avancer.

En fait, aucun ne l'a donné. Et ce n'est que tard dans l'après-midi que les cent vingt-quatre chars de la 22ᵉ division de Panzer reçoivent enfin l'ordre d'attaquer sur les plages de débarquement. Par hasard, elles font mouvement contre des positions alliées proches de leur point de rassemblement, les hommes de la 3ᵉ division britannique qui ont débarqué à Sword Beach et qui, en milieu d'après-midi, sont déjà bien implantés. Le général Erich Marcks, commandant le 84ᵉ corps, l'homme dont on fêtait l'anniversaire cette nuit-là, vient assister au départ des attaquants. Il dit avec emphase au colonnel Hermann von Oppel Bronikowski, excellent cavalier olympique avant la guerre : « Oppel ! L'avenir de l'Allemagne repose entièrement sur vos épaules. »

Une section de blindés de Bronikowski fonce donc plein nord, en direction d'un petit village normand, Lebisey, roulant droit vers un gouffre béant du front allié, entre les Anglais de Sword Beach et les Canadiens de Juno.

Sous le commandement du capitaine Wilhelm von Gottberg, trente-sept chars montent à l'assaut de Périers-sur-le-Dan, sur une ligne de crête parallèle au rivage, à six kilomètres de la mer. Bronikowski prend vingt-cinq autres chars pour attaquer au carrefour du village de Biéville.

Les chars de von Gottberg foncent en tête sur les positions du régiment Staffordshire. Mais la défense antichar des Anglais est mortelle. En vingt minutes, sur les trente-sept chars allemands, treize sont anéantis. C'est assez pour von Gottberg. Il fait demi-tour pour mettre les survivants sur des positions de repli défensif, aux alentours de Caen. Bronikowski, lui, s'en sort un peu mieux.

Les mitrailleurs britanniques viennent de remporter un succès étonnant. À la nuit tombée, sur les cent vingt-quatre chars allemands engagés, cinquante-quatre seulement sont en état de fonctionner.

Quelques-uns, cependant, réussissent à atteindre le rivage, à Lion-sur-Mer, où ils tombent sur les hommes du 716e régiment d'infanterie, encore ancrés sur des positions solides. Ils viennent de découvrir un terrible secret des Alliés : ce trou béant, entre les lignes anglaises et canadiennes.

Mener une division blindée allemande dans ce trou, attaquer les têtes de pont alliées sur leurs flancs... et c'eût été un désastre pour le débarquement.

Il faut remercier Hitler, pour une fois : il n'y avait, sur place, aucune division de *Panzer* pour exploiter la situation.

Et si cela avait été le cas ? Le général Max Pemsel, qui commandait alors la 7e armée en Normandie, n'a guère de doute : les Allemands auraient gagné ce jour-là.

Après la guerre, alors qu'on lui posait la

question, il a expliqué qu'une attaque conjointe de ces deux divisions, renforcées de la 21e, était capable de liquider complètement le débarquement des Anglais. Et que, le lendemain, trois divisions supplémentaires de la 15e armée pouvaient contre-attaquer massivement sur la tête de pont des Américains et sur ce qui restait de celle des Anglais.

Les batailles ne se gagnent pas avec des « si ». L'histoire ne s'écrit pas avec des peut-être. Elles sont ce qu'elles sont.

Les divisions n'étaient pas là, et la poignée de chars allemands qui avait réussi à atteindre la mer a vu soudain passer au-dessus d'elle un énorme bombardier pilote de planeurs. Persuadés qu'ils allaient se faire prendre à revers, le commandant et sa poignée de chars ont fait demi-tour.

Et notre maréchal Rommel ? L'homme qui s'était juré de repousser les Alliés à la mer ce jour-là ?

Son poste de commandement ne l'a pas prévenu chez lui, à Herrlingen, avant 10 h 30 du matin. Il a immédiatement sonné son aide de camp, le capitaine Helmut Lang, avec l'ordre de préparer sa voiture, pour retourner en France sur-le-champ.

D'une voix lugubre, comme s'il annonçait la mort de son meilleur ami, il a dit : « Tu te rends compte, Lang... Le grand jour est arrivé... Les Alliés ont débarqué en Normandie, et nous, nous sommes là... »

À midi, il était prêt à rentrer à son quartier général.

Quelques minutes plus tard, sa Horch filait sur la route, tandis que son épouse Lucie essayait la jolie paire d'escarpins gris qu'il lui avait apportée de Paris pour son anniversaire.

Décidément, la chance n'était pas du côté du maréchal, ce jour-là. Les escarpins n'allaient pas du tout.

Comme tant de maris, Rommel ignorait aussi la pointure de sa femme.

22

Coucher de soleil

Pour les Alliés comme pour les Allemands, le jour le plus long tire à sa fin.

Le soleil commence à descendre dans la brume, et ses derniers rayons ensanglantent les terribles vestiges de la bataille. Péniches de débarquement déchiquetées, émergeant des flots ; tanks brûlés, half-tracks en morceaux éparpillés sur les plages ; débris des fortifications allemandes ; ruines de centaines de maisons normandes, qui ont payé si cher le premier jour de la libération de leur pays.

À fleur d'eau, sur Omaha la sanglante, les corps des Américains morts se balancent toujours au rythme de la marée.

Le bilan des résultats obtenus par les Alliés, ce soir-là, se résume à ceci : cent cinquante-cinq mille soldats ont débarqué, après les premiers parachutistes qui ont sauté juste après minuit – quatre-vingt-trois mille cent quinze soldats britanniques et canadiens, soixante-douze mille Américains. Et ces hommes ont payé de leurs vies : douze mille morts et blessés.

Aussi lourdes soient-elles, les pertes sont moins importantes que ne l'avait estimé le commandement allié.

Pourtant, à aucun endroit, les objectifs des Alliés ne sont conformes à leur plan.

Omaha a bien failli tourner au désastre. Au coucher du soleil, la zone de débarquement n'est encore qu'à deux kilomètres des alentours de Colleville. Et c'est la pénétration la plus importante que les Américains aient pu réaliser. À Saint-Laurent, la tête de pont qu'ils ont établie atteint moins de deux kilomètres. À l'arrière de leurs positions les plus avancées, la défense allemande conserve des appuis solides. Toute la zone est sous le feu de l'artillerie ennemie.

Sur la totalité des tanks et des half-tracks qu'on avait prévu de débarquer, la moitié au moins est perdue. Deux mille quatre cents tonnes de matériel auraient dû être déchargées dans la journée. Il y en a moins d'une tonne. La plage est tellement encombrée de débris et de véhicules cassés que les nouvelles vagues de débarquement sont dramatiquement retardées.

La 4e division d'infanterie des États-Unis, en revanche, a avancé de dix kilomètres depuis Utah Beach. Elle a réussi à faire débarquer vingt-deux mille hommes et mille huit cents véhicules, et ses troupes ont rejoint celles du 101e aéroporté. Pourtant, les opérations du 101e et du 82e, au pied du Cotentin, sont restées limitées à cause de la dispersion des parachutistes sur une zone trop étendue. Beaucoup de leurs objectifs importants ne sont pas atteints, en particulier les ponts sur la rivière Merderet.

Le 82e aéroporté s'est emparé de Sainte-Mère-Église et tient fermement en tenailles la route de Cherbourg, mais la ville est toujours sous le feu des Allemands.

Le général commandant de corps d'armée, J. Lawton Collins, dit « Lightning Joe », l'a admis : « Il y avait énormément de confusion et de manque de coordination dans cette zone. »

À l'est, la situation sur les plages britanniques est nettement meilleure. Le 6e aéroporté s'est rendu maître des passages sur l'Orne et assure le flanc de l'invasion. La 9e brigade de la 3e division d'infanterie, la dernière unité à avoir débarqué sur Sword, s'est infiltrée profondément dans l'arrière-pays de Caen pour s'emparer de l'aérodrome de Carpiquet – le but qu'on lui avait assigné. La 3e division d'infanterie, prise dans son ensemble, avait reçu comme objectif de s'emparer de la ville de Caen. C'était probablement une mission trop ambitieuse. Elle n'était pas près d'en venir à bout. À la tombée de la nuit, les chars de la 21e division de Panzer, rescapés du précédent affrontement meurtrier avec la 3e division britannique, et les restes de la 716e division d'infanterie allemande se sont installés sur de solides positions défensives, en lisière de la ville. Cette nuit-là, les premiers éléments avancés de la 12e *Panzer SS* pénètrent dans la cité. Il faudra des semaines aux Alliés pour parvenir à libérer Caen.

L'avancée des Canadiens, à partir de Juno, a coupé la route Caen-Bayeux. C'est à eux, si l'on peut dire, que revient la palme du meilleur score.

Partout, alors que le soleil se couche sur ce jour terrible, « les troupes alliées sont épuisées, disséminées sur une série de positions d'attaque préparées à la hâte. Leurs lignes sont minces, et il reste des brèches qui ne demandent qu'à être exploitées » (Chester Wimot, historien britannique).

Les Allemands le savent déjà, il existe une large brèche entre les positions canadiennes et anglaises. Aux alentours de Luc et Lion-sur-Mer. Et une, plus large encore, chez les Américains, entre Omaha et Utah Beach.

Il suffirait qu'une division de Panzer se jette dans chacune de ces brèches, et le débarquement allié se trouverait placé dans une situation très dangereuse.

Le général Montgomery l'avait dit, lors de son dernier briefing avant l'invasion. C'était le 25 mai 1944, devant le roi, Churchill et tous ses généraux. Il avait dit que si, au soir du jour J, les Alliés ne tenaient pas Caen, Bayeux et Carentan, alors le débarquement « serait vraiment placé dans une situation très embarrassante »...

Au coucher du soleil, le 6 juin 1944, les Alliés ne tenaient pas un de ces objectifs. Pas un.

Bien après ce même coucher du soleil, le maréchal Gerd von Rundstedt réunit ses principaux adjoints pour une conférence, dans la salle des opérations militaires de son quartier général pour le front de l'Ouest, à Saint-Germain-en-Laye.

Le dernier chevalier teutonique a passé la journée bien loin du vacarme et de l'ignoble spectacle du champ de bataille. Dans la sereine contemplation de ses cartes et des rapports de ses services de renseignements.

Fulminant après le quartier général d'Hitler, et son refus de lui donner la « Jugend Division » et la 22ᵉ *Panzer* avant l'aube, il a tout de même passé un bon moment à bricoler dans son jardin.

Le général Gunther von Blumentritt, son chef d'état-major, ouvre la réunion en l'informant que la Fremde Heere West et le quartier général d'Hitler sont de plus en plus convaincus que la Normandie n'est qu'une diversion. Une feinte, destinée à provoquer une réaction prématurée de l'Allemagne.

Bon. Le vieux maréchal digère le couplet en étudiant ses cartes d'état-major pendant une minute ou deux. Puis il décrète qu'Hitler et tous ses généraux, et tous ses spécialistes des renseignements, se trompent complètement.

Il n'y aura pas de deuxième débarquement. La Normandie c'est l'Invasion, c'est tout, et c'est ce qui se passe en ce moment. Il montre les points sur sa carte. Cette large bande de côtes que les Alliés ont attaquée indique bien qu'ils s'apprêtent à y concentrer une énorme quantité de troupes et de matériels. Il n'y a qu'à regarder les divisions qu'ils ont engagées dans l'attaque! La 1re US, les « Rats du désert », la 6e aéroportée, la 82e..., leurs meilleures divisions. Auraient-ils engagé leurs meilleures divisions dans une manœuvre de diversion? Jamais.

Von Rundstedt affirme qu'il est temps pour Hitler de lancer toutes ses forces de réserve en Normandie, et particulièrement les Panzer de la 15e armée, bloqués dans le Pas-de-Calais. C'est de toute évidence la seule chose que les Alliés ne veulent pas qu'il fasse. C'est un moment critique pour eux, dit von Rundstedt. Leurs pertes sont lourdes. Ils s'accrochent à des têtes de pont isolées et encore faibles. Leur ligne de renfort n'est pas encore assurée. C'est le moment de contre-attaquer!

En se fondant sur la classique doctrine militaire, le maréchal sait que le succès ou la défaite d'une tête de pont de débarquement dépend d'une seule question : l'attaquant est-il capable de la renforcer par la mer en moins de temps que le défenseur n'en mettra pour obtenir des renforts par voie de terre?

C'est une course contre la montre, et c'est une course que von Rundstedt et l'Allemagne pourraient gagner, à condition qu'Hitler permette au maréchal de faire vite.

Il existe un plan déjà prêt pour cette éventualité. Le « Cas III A ». Von Rundstedt ordonne que l'on prévienne Hitler et son quartier général qu'il est temps de le mettre en œuvre. Dégager les forces du Pas-de-Calais et les porter sur la Normandie.

Sur ce, ayant soulagé son esprit et exprimé son jugement, avec la calme conviction d'un pape délivrant une encyclique, le maréchal va se coucher.

À peu près au même moment, après des heures de route, le jour le plus long de la vie du maréchal Erwin Rommel tire lui aussi à sa fin. Peu après 10 heures, sa Horch freine des quatre roues devant le porche du château des ducs de La Rochefoucauld à La Roche-Guyon. Son aide de camp, le capitaine Helmut Lang, saute de voiture et se précipite à l'intérieur pour prévenir le chef d'état-major, le général Hans Speidel, du retour de Rommel.

L'ouverture pompeuse d'un opéra de Wagner retentit dans les couloirs du château. *Le Crépuscule des dieux?*

Lang se met à hurler :

– Les Alliés ont débarqué et vous écoutez de la musique!

Spiedel lui jette un regard glacé :

– Vous croyez que ça changerait quelque chose ?

Rommel entre aussitôt dans le mess des officiers, pour une conférence d'état-major. A-t-il remarqué que les domestiques du duc de La Rochefoucauld ont discrètement enlevé la précieuse tapisserie des Gobelins qui orne d'habitude les murs du mess ?

Le colonel Anton Staubwasser, son officier de renseignements, l'informe que le colonel von Roenne, du Fremde Heere West, a appelé à 17 h 20 pour les prévenir qu'un deuxième débarquement important était à craindre, à court terme, dans le Pas-de-Calais.

Ces mots sonnent plus doux aux oreilles de Rommel que les accents de la musique de Wagner. Il s'est juré de défaire les Alliés sur la côte, de les repousser à la mer; hélas! lorsqu'ils ont envahi la Normandie, ce matin, il était endormi à neuf cents kilomètres de là.

Rien ne lui plairait plus qu'une deuxième attaque, sur les plages du Pas-de-Calais. Il l'annonce depuis des mois. Là, il pourra les stopper au ras des côtes. Là, il se sent prêt à tenir sa promesse! Et ce n'est pas le moment de lui enlever un seul soldat, un seul tank du Pas-de-Calais.

Bien loin de là, à Berchtesgaden, avec cet air détaché, apparemment serein, qui le caractérise, Hitler décide, lors de sa conférence stratégique du soir, qu'il est beaucoup trop tôt pour mettre le « Cas III A » en action. Il ne semble pas très atteint par les premiers succès des Alliés en Normandie. Au contraire, il passe une excellente soirée à écouter du Strauss et du Wagner, avant d'aller se coucher.

Sur les plages du débarquement, les hommes de troupe font ce que font tous les fantassins du monde. Ils creusent des trous, nettoient leurs armes, les disposent à l'entrée du trou, s'enveloppent dans une couverture, ou un poncho, avalent leurs rations et, à bout de forces, sombrent dans un sommeil peuplé de cauchemars.

L'un des architectes du plan Fortitude a écrit,

après la guerre : « Il n'y avait guère de doute, nous allions réussir à débarquer sur la côte. Le seul doute était de savoir si nous serions capables de tenir sur cette côte. »

Pour les Alliés, comme pour les Allemands, les heures et les jours critiques, les heures et les jours qui vont répondre à cette question et déterminer la victoire ou bien l'échec sanglant du débarquement, viennent seulement de commencer.

La nuit du 6 au 7 juin est la première de tant d'autres.

Comme l'a écrit un historien britannique du débarquement, dans le langage des joueurs de cricket : (en cette nuit du 6 juin 1944) « *It was all still there to play for...* » (« Rien n'était encore joué des deux côtés. »)

23

Un dictateur peut-il changer d'idée ?

C'était au soir du 8 juin 1944. Les opérations du débarquement en Normandie entraient dans leur phase critique.

Peu après le coucher du soleil, le général Leonard T. Gerow, commandant le 5e corps d'armée des États-Unis à Omaha Beach, l'homme dont les forces représentent les deux tiers des troupes engagées dans l'invasion, envoie un message au quartier général d'Eisenhower. Il est concis et grave.

Ses troupes sont en retard de deux jours sur les objectifs initialement prévus, ce qui hypothèque lourdement l'opération. Le déchargement du matériel nécessaire à son corps d'armée doit franchir le chaos tragique d'Omaha Beach, il est d'ores et déjà en retard de vingt-quatre heures sur le plan. La percée est « plus courte que ce qu'elle devrait être, et toute la zone de débarquement se trouve actuellement sous le feu de l'artillerie ennemie ».

Il informe Eisenhower que la deuxième phase de la bataille est maintenant engagée La phase déterminante. Celle qui doit confirmer, ou non, que les Alliés pourront s'accrocher à leurs têtes de pont.

Une contre-attaque massive des Allemands peut se produire à n'importe quel moment. C'est ce que craignaient les stratèges alliés depuis des semaines et des mois. « La situation est si critique, dit carrément le message de Gerow au commandement suprême, que, si l'attaque se produit, la tête de pont sera extrêmement difficile à tenir. »

Ce soir-là, sur la côte, on compte dix divisions alliées, auxquelles viennent s'ajouter quelques bataillons de blindés isolés. Cinq divisions supplémentaires sont attendues pour le lendemain. Ce qui doit compléter la première phase du débarquement.

La flotte de transport, au large de la baie de Seine, fait de nouveau route vers les ports d'Angleterre et d'Écosse pour charger le matériel et les troupes de la deuxième vague d'assaut. Selon les ports vers lesquels elle se dirige, l'aller et retour prendra de trois à sept jours.

Pendant ce temps, les troupes débarquées ne recevront aucun renfort. Certaines divisions alliées, la 1re et la 29e US, et la 3e des Canadiens, ont été durement éprouvées par de violents combats. Sans compter que, pendant les cinq ou dix jours d'attente à venir, les Allemands peuvent leur tomber dessus en force. Et le coup sera forcément rude. Le haut commandement allemand pourra rassembler un minimum de trente divisions et contre-attaquer. S'ils utilisent la tactique militaire allemande classique, qui consiste à masser toutes leurs forces disponibles sur un seul objectif, ce sera pire encore.

Jusqu'ici, une seule de leurs divisions d'élite, la 12e *Panzer SS*, la « Hitler Jugend », s'est mise en action et le résultat n'a pas été encourageant pour les Alliés. En un jour de combat acharné, qui a fait des pertes énormes des deux côtés, ces fanatiques de la 12e SS ont repoussé la 3e division canadienne de trois précieux kilomètres sur une percée limitée.

Les Allemands tiennent encore le carrefour vital de Carentan. Vital, car il représente le point de jonction entre les troupes d'Utah Beach et celles d'Omaha Beach. La 1re division américaine et la 50e britannique se sont rejointes à Port-en-Bessin, bouchant ainsi une brèche dangereuse dans les lignes alliées. La division britannique a également pris Bayeux. Parmi les objectifs que s'étaient fixés les Alliés pour le jour J, Bayeux est la seule ville à être tombée dans leurs mains, et soixante heures après le débarquement.

Tout au long de ce front étroit, les Alliés sont obligés à des détours pour nettoyer les points de résistance allemands qu'ils ont contournés lors de la première percée du jour J.

Et le temps est en train de changer. La trêve survenue dans la tempête de l'Atlantique Nord, et repérée par les météorologues d'Eisenhower, touche à sa fin. Le mauvais temps s'aggrave et, avec lui, s'annonce tout un cortège de problèmes pour le débarquement des renforts sur les plages.Et pour le soutien aérien si critique pour les Alliés!

Le haut commandement allié prend sérieusement en compte les craintes du général Gerow ; la menace d'une contre-attaque allemande massive, capable de repousser les Alliés à la mer, est si réelle qu'elle suscite l'arrivée d'un distingué visiteur à Londres, ce mardi matin. Il s'agit du général George C. Marshall, chef d'état-major de l'armée américaine, chargé d'épauler ses collègues britanniques afin de faire face à toute éventualité. Manière élégante de dire, en fait, qu'il est là pour distribuer équitablement entre ses collègues britanniques blâmes et critiques sur le scénario du débarquement s'il tourne au désastre sanglant.

Peu après l'arrivée du message du général Gerow à Eisenhower, le maréchal von Rundstedt, lui, tient sa conférence d'état-major du soir. Il est fou furieux. Encore une fois Rommel, qu'il a baptisé « le Maréchal boy-scout », a échoué dans ses contre-attaques. Pire, et von Rundstedt en est persuadé, il ne réussira jamais avec les forces dont il dispose sous son commandement. « Le Maréchal boy-scout » s'est opposé la veille aux recommandations faites par von Rundstedt à Hitler. Il a refusé de mettre en œuvre le « Cas III A », plan qui consiste à retirer toutes les troupes de réserve du Pas-de-Calais pour les porter sur le front de Normandie.

Von Rundstedt est tellement inquiet de la

situation, inquiet de ce refus de contre-attaquer massivement, qu'il s'est forcé à faire une chose qu'il n'a jamais daigné faire auparavant. Sous couvert de son privilège de maréchal en chef, il a passé un coup de téléphone personnel à Hitler.

Et il dit au Führer, sans ambages : « Il faut passer au "Cas III A", immédiatement, ce soir. Que la Normandie soit une diversion ou un vrai débarquement, quelle importance ? Il n'y a qu'une chose qui compte, repousser les Alliés à la mer, lancer une contre-attaque massive ! »

Et quelques heures plus tard, lors de sa conférence d'état-major de la soirée, Hitler accède aux requêtes du vieux maréchal.

Il donne l'ordre qui aurait pu sauver le Reich : exécuter le « Cas III A » immédiatement. Cinq divisions, y compris la 116e *Panzer*, la plus puissante des divisions blindées déployées à l'Ouest, vont partir pour la Normandie, en avant-garde d'une attaque de grande envergure. Le cauchemar qui hantait l'esprit d'Eisenhower, de Brooke, et de tous les commandants alliés, se profile. Les Panzer arrivent à l'horizon, comme des bêtes fauves, et vont se jeter sur la tête de pont des Alliés, si mal assurée, si fragile, qu'elle aura d'énormes difficultés à résister à l'assaut.

Si le plan d'intoxication minutieusement ourdi par les Alliés, Fortitude, doit marcher, c'est maintenant. C'est le moment critique, celui où Hitler doit se décider à mettre le paquet sur la tête de pont de Normandie.

Et Fortitude doit marcher à ce moment, très précisément.

Le pari est on ne peut plus délicat, car aucun dictateur, aucun, ne supporte de devoir changer d'idée. Un dictateur, c'est une mauvaise idée en soi, qui a de mauvaises idées de dictateur, obstinément... Et c'est pourtant ce que doit faire Fortitude, obliger Hitler à changer d'idée, à ne pas envoyer de renforts en Normandie.

Toute la journée du 7 juin, les unités de transmissions radio se sont employées à simuler des messages émanant du prétendu 1er corps d'armée des États-Unis, stationné au sud-est de l'Angleterre. Puis le rythme des transmissions s'est accéléré. Enfin, le 8 juin, après la tombée de la nuit, les transmissions s'arrêtent. Silence soudain. Exactement comme la veille du débarquement, juste avant l'invasion de Normandie. Black-out radio.

Brutus, le capitaine de l'armée polonaise, que les Allemands prennent pour un officier de liaison polonais de l'Air Force, attaché à ce groupe d'armées fantôme, envoie un message radio à son officier traitant de l'Abwehr à Paris, dans la soirée du 8 juin.

Il y rapporte avoir vu de ses yeux le groupe d'armées du général Patton se préparer à embarquer dans les ports de la côte sud-est de l'Angleterre. Il précise à son contrôleur de l'Abwehr avoir entendu Patton dire : « Il est temps de déclencher les opérations dans le secteur du Pas-de-Calais. »

Voilà le second obus tiré par radio, dans les

messages personnels du soir de la BBC. Il est envoyé en ces termes : « Message pour la petite Berthe... Salomon a sauté dans ses grands sabots... »

La première partie de ce message, la phrase d'alerte, est « Message pour la petite Berthe ». Elle a été diffusée en même temps que beaucoup d'autres dans la nuit du 5 juin, à l'aube de l'invasion. Elle était destinée à un groupe de résistants, installé quelque part dans le secteur de la frontière franco-belge. Mais ce réseau était infiltré par le Kommando 307 de l'Abwehr. Ses principaux agents ont été arrêtés le 3 juin. Au cours de leur interrogatoire et, on peut supposer sous la torture, ils ont donné à leurs geôliers les deux phrases d'alerte et d'action de leur réseau, ainsi que leurs significations.

La phrase d'action, « Salomon a sauté dans ses grands sabots », voulait dire qu'un débarquement allait avoir lieu dans leur secteur, sur la côte franco-belge, dans les vingt-quatre heures suivant la diffusion du message.

Qui étaient donc ces résistants ? On l'ignore. Les archives allemandes signalent leur capture, et l'interprétation que les Allemands ont tirée de leurs informations. Mais il n'existe nulle part d'indication sur leurs origines, leurs identités, encore moins leurs visages.

Il est malheureusement à craindre qu'ils ne soient morts dans un camp de déportation.

À craindre, aussi, que Londres n'ait su que leur réseau était infiltré, que ses membres allaient être arrêtés et qu'ils seraient selon toute probabilité torturés et contraints de révéler les deux précieux messages. Donc, si les Allemands captaient la phrase d'action, vu les circonstances dans lesquelles ils l'avaient obtenue à l'origine, la prendraient-ils pour argent comptant ? Bien entendu.

Le message annonçant un débarquement qui n'aurait jamais lieu est diffusé à 19 h 15, ce jeudi 8 juin 1944. « Salomon a sauté dans ses grands sabots. »

Le troisième obus, et le dernier, de l'arsenal Fortitude est tiré juste après minuit, par l'agent double espagnol. Garbo, pour les Alliés qui le contrôlent ; Arabal, pour les Allemands qui croient en lui.

On le sait déjà, Garbo a été autorisé, par le général Eisenhower, à transmettre à son agent traitant de l'Abwehr à Madrid la nouvelle du débarquement. *Avant* que la première vague d'assaut n'ait réellement débarqué.

L'opérateur radio à Madrid, chargé de réceptionner les messages, n'était pas à son poste au moment où Garbo, lui, était prêt à envoyer aux Allemands la précieuse information secrète, le fabuleux renseignement qui devait faire de lui, à leurs yeux, un prophète.

Garbo a transmis alors une série de messages furibonds, au sujet de cette absence d'opérateur radio, destinés à son chef de l'Abwehr, Erich Kuhlenthal. L'Allemand a dû le calmer. Il a même promis une médaille à l'architecte de Fortitude, en lui disant que son travail était, plus que jamais, tenu en haute estime par Berlin.

Donc, un peu après minuit, le sergent du corps royal des transmissions affecté à Garbo se met à tapoter son message homérique à Madrid. Il dure, exceptionnellement, cent vingt-deux minutes. Ce qui en soi est une énorme erreur. Il est bien connu que les services allemands de détection radio dans la France occupée peuvent localiser et arrêter un opérateur radio de la Résistance en beaucoup moins de temps. Pourquoi les Allemands ne supposent-ils pas la même efficacité aux Anglais ? Pourquoi ne pensent-ils pas que si leur fameux agent secret transmet aussi longtemps, c'est qu'il le fait sous le contrôle des Britanniques ?

En tout cas, ils ne réagissent pas, et les supérieurs anglais de Garbo s'en tirent à bon compte, malgré cette erreur monumentale.

Garbo informe Kuhlenthal qu'il a convoqué à Londres ses trois meilleurs sous-agents, des hommes résidant dans le Sussex, le Kent, et l'East Anglia. Ces hommes lui ont fourni la liste complète des unités stationnées dans leurs secteurs. Les unités fantômes de l'armée fantôme.

L'un de ces hommes lui a parlé de péniches de débarquement dissimulées sur la Deben et l'Orwell, derrière la côte de la Manche, et prêtes à embarquer des troupes. Évidemment, les Anglais ont réellement amarré ces bateaux pour le cas où les Allemands auraient l'idée d'envoyer un avion de reconnaissance vérifier l'authenticité de l'information.

Après avoir fait état de tous les renseignements recueillis, Garbo conclut : « Il est parfaitement clair que l'attaque qui se présente sera une opération à grande échelle – mais d'une nature différente –, avec pour objectif d'établir une tête de pont solide, de manière à amener un maximum de nos réserves dans le secteur de l'opération et de les y maintenir, afin de pouvoir frapper un grand coup ailleurs, avec un succès assuré. » Et Garbo suggère que ce coup devrait être porté dans le Pas-de-Calais, « la route la plus courte pour atteindre l'objet de leurs rêves : Berlin ».

Avec ça, Fortitude vient de jouer sa dernière carte.

On peut véritablement dire qu'en cette fin de journée du 8 juin 1944, il y a soixante ans, le sort du débarquement de Normandie, le sort de la France occupée et saignée à blanc, celui du reste de l'Europe d'Hitler sont dans la balance.

Hitler et ses généraux allaient-ils croire aux mensonges que les Alliés leur avaient déversés avec tant de talent ?

Allaient-ils les ignorer, et organiser la contre-attaque qui pouvait dévaster les lignes alliées ?

Un dictateur peut-il changer d'idée ?

24

Le salaire de la guerre

Depuis des temps immémoriaux, les morts sont, hélas, l'engrais humain qui féconde la terre des champs de bataille.

Jusqu'à ce siècle de folie guerrière, les victimes de ces champs de bataille se limitaient aux combattants eux-mêmes. Les civils payaient plus tard le prix des combats – viols, pillages et massacres imposés par les vainqueurs.

Avec le siècle, et l'arrivée des armements modernes, les civils, les non-combattants, qu'ils le veuillent ou non, partagent les sacrifices de la guerre avec les soldats du front.

L'histoire d'Overlord, si extraordinaire et si secrète parfois, parle beaucoup des combattants du front de Normandie, de leurs batailles et de leurs sacrifices.

Mais que dire des sacrifices supportés par les habitants de Normandie, ces hommes, ces femmes et ces enfants contraints de subir, de payer un prix disproportionné pour la liberté de leurs compatriotes et de leurs voisins européens ?

Que dire d'eux et de leurs sacrifices ? Et, en particulier, de ceux dont nous savons maintenant, avec le recul de l'histoire, qu'ils étaient inutiles ?

Un cauchemar hantait les hommes qui commandaient le débarquement de Normandie. C'était l'image d'une contre-attaque massive, parfaitement coordonnée, lancée par les divisions blindées allemandes de réserve en France, dans les premiers jours de l'invasion.

Si une telle attaque était menée comme l'avaient été la plupart des actions allemandes de la Seconde Guerre mondiale – de manière impitoyable, rapide, décisive –, il y avait de solides raisons de la craindre : elle repousserait immanquablement les Alliés dans les eaux de la baie de Seine.

Empêcher les Allemands de rassembler leurs forces en vue d'une attaque de ce genre était la préoccupation essentielle des stratèges du débarquement depuis le début de 1944.

La première étude importante du problème est faite le 18 février 1944, par les commandants du groupe d'armées 21, qui vont diriger l'invasion. Sur les dix divisions de Panzer que les Allemands seraient susceptibles d'envoyer en Normandie pour anéantir la tête de pont alliée, quatre, selon l'estimation des militaires, viendraient par la voie du rail, quatre par la route, et deux par les deux moyens combinés.

Un plan d'urgence a été établi qui prévoit la destruction systématique des éléments clés du système ferroviaire français : aires de triage, rotondes, ponts. Mais, pour « l'après-jour J », les stratèges proposent une toute nouvelle méthode. La création d'une série de ce qu'ils appellent les « choke points ». Un « choke point », en réalité, est une ville. Prises dans leur ensemble, ces villes doivent constituer une sorte de ceinture, qui isolerait la zone d'invasion.

Mais que deviendraient ces « choke points » ?

Des montagnes de décombres, ce qu'il reste habituellement des malheureuses villes rasées par des bombardements massifs. En transformant ces villes en tas de ruines, les militaires alliés se disaient qu'ils les rendraient impossibles à traverser et qu'ils ralentiraient sérieusement l'avance des Panzer allemands vers les plages. Les blindés ennemis se retrouveraient embouteillés sur les routes, prisonniers de bouchons, ce qui les exposerait aux bombardements aériens. Ces embouteillages impromptus obligeraient également les commandants de char à communiquer presque constamment avec leur base, ce qui aurait l'avantage de mettre les Alliés au courant de leurs positions exactes, et faciliterait aussi leurs destructions.

Une liste de villes susceptibles d'être transformées en « choke points » a été dressée lors de cette première étude On y trouvait Lisieux, Caen, Bayeux, Saint-Lô, Coutances et Valognes. C'était une volonté brutale et stupéfiante du commandement aérien d'utiliser sa force militaire, non pas contre les populations allemandes de Dresde ou de Hambourg, mais contre des Alliés, contre leurs propres partenaires français.

Le plan rencontre une opposition immédiate dans les milieux alliés. D'abord, ils récusent l'attaque des centres ferroviaires, appelée le « Plan de transport » : la plupart des centres à détruire se situe dans des zones d'habitation urbaine, et les bombarder suppose des pertes civiles.

Pourtant, les militaires, le général Eisenhower en tête, insistent. Le commandant suprême des forces alliées déclare : « La plus grande contribution que les forces de l'air alliées puissent apporter à Overlord est de paralyser le mouvement ennemi dans la phase initiale de l'invasion. » Les commandants de l'air, et en particulier le général Spaatz de la 8e Air Force, s'y opposent, au motif que ces bombardements provoqueront un nombre inacceptable de morts civils en France.

L'affaire remonte jusqu'à Winston Churchill. Très souvent, aujourd'hui, on décrit le Premier ministre britannique comme extrêmement belliqueux. Mais certainement pas dans cette affaire. Pas convaincu du tout que « le massacre de populations françaises amies » puisse se justifier, il déclare : « Déclencher des bombardements susceptibles de provoquer des pertes civiles, dans le feu de l'action, c'est une chose... mais c'en est une autre, alors qu'il n'y a pas de bataille, d'utiliser une méthode qui se traduira par une boucherie pour un grand nombre de Français. »

Les bombardements envisagés apparaissent à Churchill comme susceptibles de provoquer « une blessure inguérissable entre la France, les États-Unis et la Grande-Bretagne, après la guerre ».

Une nouvelle liste de bombardements, portant sur soixante-cinq objectifs ferroviaires, est établie par les militaires. Les stratèges alliés estiment qu'il en résultera dix mille cinq cents morts civils français, et cinq mille cinq cents blessés graves.

Churchill est toujours contre. Le 28 avril, au cours d'une réunion avec le général Eisenhower, il oblige le commandant suprême à supprimer de cette liste vingt-sept objectifs de bombardements aériens, localisés dans des secteurs de forte densité de population. Son intervention a certainement sauvé un nombre incalculable de vies humaines, mais les Normands, hélas, allaient tout de même payer le salaire de la guerre pour le salut de la patrie.

Le 10 mai, le 21e corps d'armée du général Montgomery soumet à Eisenhower une liste de vingt-six villes normandes que l'armée voudrait bombarder intensivement les 7 et 8 juin 1944. Le terme « choke points » a été abandonné. On nomme, à présent, ces villes martyres des « nodal points ». Une modification qui ne change rien au sort des points en question. Car l'objectif est évidemment le même – transformer ces « nodal points » en montagnes de ruines.

Montgomery écrit : « Après le jour J, les attaques aériennes doivent se faire en priorité sur les mouvements de l'ennemi dans la zone immédiate de la tête de pont. »

Il estime que ces attaques aériennes pourront ralentir l'arrivée des quatre ou cinq divisions de Panzer qui permettraient aux Allemands une riposte immédiate. Montgomery joint une carte à sa lettre. Elle montre les quinze villes, les « nodal points », qu'il veut voir bombarder.

Sa requête suscite aussitôt une opposition sérieuse de la part des aviateurs qui devraient en avoir la responsabilité. Le général Doolittle de la 8e US Air Force refuse tout net qu'on se serve de ses bombardiers pour l'exécution de ce plan. Le 3 juin, au cours d'une réunion houleuse, le maréchal de l'air Tedder, les généraux américains Spaatz et Doolittle refusent ce plan. Tedder dit à son vieux camarade britannique, le maréchal de l'air Leigh Mallory, commandant les forces aériennes du débarquement : « Je ne peux pas approuver cette partie du plan de bombardement. Autant pour les morts civils que pour les destructions de monuments historiques. »

Quelle que soit la finalité de ces bombardements, ils ne justifient ni les morts ni les destructions qu'ils causent.

Les deux Américains le soutiennent.

Mais Leigh Mallory est inflexible. Il est pour ce plan. Une fois la bataille engagée, les considérations d'ordre stratégique sont suprêmes. Il faut empêcher que les troupes alliées ne se retrouvent acculées à la mer, sur toute la côte. Il admet qu'il y aura des morts dans la population civile. Mais beaucoup moins que dans les troupes alliées qui vont prendre le risque de débarquer. C'est une part du prix que doit payer la France pour sa libération. Une part terrible, douloureuse certes, mais une part justifiée.

Eisenhower le soutient contre son chef de l'aviation. Il approuve « énergiquement » le plan de bombardement, en disant qu'il est fortement opposé à l'abandon d'une mission aussi essentielle, sous prétexte qu'elle induit des pertes civiles. L'opinion de l'état-major, en général, est si largement favorable à ces bombardements que Montgomery et Leigh Mallory vont jusqu'à suggérer qu'ils pourraient renoncer à leurs commandements plutôt que de se résigner à ce plan.

La situation est tellement délicate que le général Walter Bedell Smith, sous-commandant en chef d'Eisenhower, décide d'envoyer une délégation d'officiers alliés de haut rang au général Pierre Kœnig, commandant des Forces françaises libres. Non pour exiger son approbation, mais pour lui expliquer ce qui va arriver et s'assurer, au moins, de sa compréhension.

Kœnig comprend, en effet, les impératifs militaires qui contraignent le quartier général d'Eisenhower à prendre cette décision. Au grand soulagement de tous, il ne soulève aucune objection.

C'est ainsi que des villes normandes sont condamnées d'avance.

On s'efforce de prévenir les populations en larguant des flots de prospectus, deux heures avant les attaques aériennes. Certains tomberont aux bons endroits, d'autres iront se perdre dans la campagne déserte. Peu de gens, d'ailleurs, parviennent à croire que les Alliés vont bombarder leurs villes. Après tout, elles ne grouillent pas de soldats allemands.

Mais les bombes arrivent, elles tombent implacablement, impitoyablement. À Lisieux, les pompiers n'ont plus d'eau. L'incendie se répand dans les vieux quartiers de la ville, détruit des monuments qui donnaient à la cité son cachet particulier, des constructions de bois et de pierres, certaines datant de l'époque gothique, d'autres de la Renaissance. Miraculeusement, la cathédrale Sainte-Thérèse échappe aux ravages.

Villers-Bocage est rayé de la carte. À Vire, les seuls êtres vivants à se manifester dans les décombres, le lendemain matin, sont des soldats allemands pillant les maisons bombardées. Aux environs de Saint-Lô, un femme a vu un immense nuage pourpre s'élever de la ville au crépuscule, la fumée qui s'élevait des restes incendiés de ce qui fut l'une des plus jolies villes de Normandie. À Coutances, une femme a hurlé au milieu des ruines de sa maison : « Pourquoi ? Ils n'avaient pas le droit de faire ça! Ils n'avaient pas le droit! »

Un soldat allemand a écrit au tableau noir d'une école : « Caen est rasé. Saint-Lô est rasé. Avranches est rasé. Vire est rasé... par les libérateurs. »

Une jeune Normande a écrit, elle : « Être bombardé par les Alliés dont nous avons tant attendu l'arrivée et avec tant de ferveur, c'était comme si mon propre père tentait de m'étrangler. »

Près de trois mille cinq cents Normands ont perdu la vie dans des bombardements, selon une étude récente du professeur Jean Quellin de l'université de Caen. Des milliers d'autres ont perdu leurs maisons.

Aujourd'hui encore, les cicatrices de ces nuits terribles, où sifflaient les bombes, où éclataient les obus, sont encore sensibles. Et toujours présentes dans le cœur de beaucoup de Normands. Ils ont payé de leur souffrance, et d'avance, la libération de la France. Leur mémoire est encore plus amère, car on sait aujourd'hui que les divisions de Panzer, auxquelles on a sacrifié tant de jolies villes normandes, ne sont jamais venues se battre.

25

Quand le téléphone sonne

Le téléphone sonne au quartier général du maréchal von Rundstedt, à Saint-Germain-en-Laye. Il est très précisément 7 h 30, selon le registre du quartier général, et nous sommes le matin du 10 juin 1944. L'appel vient du chef d'état-major d'Hitler, le général Alfred Jodl ; il est destiné au vieux maréchal von Rundstedt.

Von Rundstedt est encore profondément endormi. Il n'a pas l'habitude de se lever en même temps que la trompette réveille ses troupes. Même en pleine invasion ennemie. L'appel est donc pris par son chef d'état-major, le major général Bodo Zimmermann.

Jodl explique longuement à Zimmermann qu'Hitler a reçu des informations prouvant qu'un second débarquement allié allait se produire dans le Pas-de-Calais. Et donc que le Führer a pris la décision, la nuit du 8 au 9 juin, d'annuler l'ordre de mise en œuvre du « Cas III A », destiné à amener des renforts en Normandie. Les divisions blindées qui se trouvaient déjà en route ont été stoppées dans leur course, avec ordre de faire demi-tour et de revenir sur leurs positions, derrière la Manche.

Zimmermann dira, plus tard : « (C'est) la décision qui a fait perdre la guerre à l'Allemagne. »

Comme disent les Anglo-Saxons, Hitler et ses généraux ont avalé comme des grenouilles le plus gros mensonge de l'Histoire – le mythe d'un deuxième débarquement dans le Pas-de-Calais –, avec l'hameçon, la ligne et le bouchon.

Que s'est-il passé ?

L'opération Fortitude comprenait trois éléments clés qui devaient faire passer le mensonge dans l'organisation d'espionnage de l'Abwehr. Voyons comment les Allemands y ont successivement réagi.

Tout commence le vendredi 9 juin. Il est 7 heures à Paris. Hôtel Lutétia. Bureau du colonel Oscar Reille, chef de la section III F, contre-espionnage de l'Abwehr pour l'Ouest.

En s'asseyant ce matin-là devant son bureau, le colonel trouve le rapport de son Kommando 307. Cette organisation a infiltré et arrêté un réseau de résistants de la zone frontalière franco-belge, le samedi 3 juin 1944. Ces hommes ont été contraints de révéler le contenu et la signification de leurs messages. Le message d'action, « Salomon a sauté dans ses grands sabots », a été diffusé à 19 h 15 le 8 juin. Il signifiait, pour ces résistants, prisonniers de la Gestapo, qu'un débarquement allait se produire dans les vingt-quatre heures dans la zone frontalière du Pas-de-Calais.

Pauvre colonel Reille... Il a déjà percé le secret du débarquement de Normandie avec « Les sanglots longs des violons de l'automne »... Mais le quartier général de von Rundstedt s'est moqué de son triomphe en lui rétorquant que « les Alliés n'allaient pas annoncer le débarquement à la BBC ! »

Reille n'a pas envie qu'il se passe la même chose avec « Salomon a sauté dans ses grands sabots », le nouveau et précieux renseignement qu'il a sur son bureau.

Il adresse immédiatement un message de haute priorité – n° 6460/44 – au colonel Alexis von Roenne à la Fremde Heere West. Après avoir analysé les renseignements et vérifié leur origine, Reille écarte sans hésiter la possibilité que Londres soit au courant de l'arrestation de ses agents. Elle est trop récente pour cela. En revanche, son service « estime plus que vraisemblable ce nouveau renseignement, qui a un rapport avec un prochain débarquement sur la côte belge ». Dans son quartier général de Zossen, aux environs de Berlin, le colonel von Roenne est d'accord.

A 11 h 5, toujours ce matin du 9 juin, donc, von Roenne appelle personnellement le quartier général d'Hitler et demande le colonel Friedrich Adolf Krummacher, officier de renseignements du Führer. Von Roenne, Prussien tatillon, a consigné mot pour mot leur conversation dans un mémorandum. Il a été retrouvé après la guerre.

Von Roenne note qu'il a dit à Krummacher :

« J'attache la plus grande importance à l'interception d'un message radio destiné à la Résistance, révélant que " des opérations de débarquement sont attendues le 10 juin, et concernent directement la Belgique ". » Et von Roenne insiste auprès de l'officier d'Hitler : « Il est hors de question de retirer les troupes... (du Pas-de-Calais) pour la Normandie. »

Krummacher, étant sur le point de se rendre à la conférence stratégique de la mi-journée, promet à von Roenne d'attirer l'attention du Führer sur cette information.

Hitler hésite, mais décide de remettre sa décision définitive à la conférence du soir. Il ordonne cependant à deux divisions de Pologne, la 9e et la 10e *Panzer SS*, de partir pour la France sur-le-champ.

Avec l'accord de Jodl et de Keitel, von Roenne avertit tous les commandements de l'Ouest : « Selon toute probabilité, un débarquement important des forces ennemies se produira le 10 juin, sur la côte belge. »

Ce même après-midi, à 15 h 30, Jodl appelle le quartier général de von Rundstedt, pour informer le maréchal : « L'interception d'un message radio indique la possibilité d'un second débarquement pour demain, dans la zone belge. » Et Jodl ajoute que l'information « a été portée à l'attention du Führer ».

La coupe des mensonges de Fortitude est sur le point de déborder. Il ne reste plus qu'une goutte de poison à instiller dans ce flot d'informations et à laisser couler vers sa destination finale : l'esprit d'Adolf Hitler.

Cette goutte tombe sur le bureau de von Roenne,

le 9 juin, à 22 h 20. Sous une forme abrégée, il s'agit du texte du message que l'agent double espagnol Garbo (Arabal) a fait parvenir à Madrid, la nuit précédente.

Von Roenne saute dessus! C'est ça, il la tient! C'est la preuve définitive des projets des Alliés.

Il transmet l'information par télex et en urgence au quartier général d'Hitler, avec la mention suivante : « Les renseignements reçus d'Arabal au cours de la dernière semaine se sont tous confirmés, sans le moindre doute, et doivent être considérés comme ayant particulièrement de la valeur. »

Voilà. Le risque que l'on a pris de laisser Garbo prévenir Madrid du débarquement en Normandie, avant même qu'il soit effectif, ne saurait mieux se justifier.

Krummacher approuve les conclusions de von Roenne, fait passer le rapport de Garbo à Jodl. Jodl le repasse à Hitler... Une annotation à l'encre verte sur ce document, découvert après la guerre, confirme qu'Hitler l'a effectivement vu. Certaines notes prises durant cette nuit de conférence stratégique ont été retrouvées après la guerre.

On y trouve des conclusions édifiantes. « Les forces allemandes actuellement engagées en Normandie ne seront pas suffisantes pour repousser les forces du débarquement ennemi à la mer, bien qu'il s'agisse de la base de conduite des opérations à l'Ouest et, jusqu'à nouvel ordre, de la stratégie de conduite de la guerre. »

Puis, mettant de côté ce principe de base, la conférence stratégique prend un virage à cent quatre-vingts degrés : « En raison de l'incertitude de l'attaque des troupes de Patton, il est encore impossible d'envoyer rapidement des renforts sur le front de Normandie, sans affaiblir notablement nos forces dans la zone de la 15e armée. Une victoire ennemie rapide dans la Manche, ou sur les côtes de Belgique, provoquerait l'anéantissement de toute notre défense à l'Ouest. »

Il y avait probablement une autre idée dans l'esprit d'Hitler cette nuit-là.Les premières attaques de V1 sur l'Angleterre, depuis leurs bases de lancement de la région de Calais, datent du 12 juin. Les Alliés vont être bien obligés de frapper dans le Pas-de-Calais pour arrêter cette pluie de bombes volantes, non ?

Quoi qu'il en soit, le samedi 10 juin 1944, à 1 h 30 du matin, Hitler change d'avis. Il annule le « Cas III A ». Les cinq cents chars et les cinquante mille hommes de troupe allemands, qui s'étaient déjà lancés sur la route de Normandie, ont ordre de stopper leur avance et de retourner sur leurs positions dans le Pas-de-Calais.

Ce même samedi, à midi, le général George Marshall, chef d'état-major de l'armée des États-Unis, le maréchal sir Alan Brooke, chef de l'état-major impérial, et toute une théorie d'officiers alliés de haut rang se rassemblent dans la salle des opérations militaires de Churchill, située au sous-sol de son quartier général de Storey's Gate, à Londres. Il s'agit d'étudier la situation en Normandie.

Sir Ronald Wingate, sous-chef de la Section de contrôle de Londres (London Controlling Section), et responsable de l'opération Fortitude, a rapporté la scène dans ses Mémoires, après la guerre. Il décrit leur angoisse en observant sur la carte les lignes rouges indiquant l'avance des renforts allemands sur la fragile tête de pont des Alliés. Soudain, la secrétaire responsable de l'interception des messages secrets allemands arrive dans la salle des opérations. Elle vient juste de décoder un message important dans le « Livre noir », qui contient les interceptions les plus importantes. Il révèle qu'Hitler vient brusquement d'annuler le « Cas III A ».

Sir Ronald Wingate jubile : « Nous savons maintenant que nous avons gagné ! Nous le savons ! Il y aura de sérieuses batailles, mais nous avons gagné ! »

Quelques minutes plus tard, c'est un Winston Churchill triomphant qui pénètre dans la salle des opérations, et proclame la victoire de Fortitude : « C'est un couronnement dans la longue et glorieuse histoire des services secrets britanniques. »

C'en était un. Au cours des huit semaines suivantes, la 15e armée allemande, la meilleure que possédaient les nazis, est restée gelée sur place, dans le Pas-de-Calais. Ces Panzer ne se déplaceront jamais, ces canons ne tireront pas un seul obus, ces troupes ne verront pas un seul soldat allié. Silencieux, ils resteront là, immobiles attendant une invasion qui ne devait jamais se produire, menée par une armée qui n'avait jamais existé.

La route sera longue et douloureuse encore. La bataille de Normandie, de bocage en bocage, de prairie en prairie, dans les ruines de Saint-Lô et de Caen, sera la pire de toutes celles qu'a connues le front de l'Ouest, durant la Deuxième Guerre mondiale. Pour certaines unités qui y participèrent, alliées ou allemandes, ce fut la seule fois où les pertes furent comparables en nombre à celles des pires batailles de la Première Guerre mondiale.

Pour les civils de Normandie, la contribution fut lourde. Trop d'entre eux payèrent de leur sang et des ruines de leurs maisons la libération de leurs compatriotes.

Mais c'est à partir du moment où le téléphone a sonné au quartier général de von Rundstedt à Saint-Germain-en-Laye, ce matin du 10 juin 1944, à 7 h 30, que le succès du débarquement de Normandie, la libération de la France occupée et, finalement, la défaite de l'Allemagne nazie sont devenus une certitude.

Hitler avait changé d'idée. Sans le savoir, il avait pris la décision fatale qui l'amènerait à perdre la bataille de Normandie et, par conséquent, la guerre.

Table des matières

Cet ouvrage a été composé et imprimé par la
SOCIÉTÉ NOUVELLE FIRMIN-DIDOT
Mesnil-sur-l'Estrée
pour le compte des Éditions Robert Laffont
en mai 2004

Imprimé en France
Dépôt légal : mai 2004
N° d'édition : 45113/01 – N° d'impression · 68097